田中淳夫

樹木葬という選択

緑の埋葬で森になる

築地書館

はじめに　墓をつくって考えたこと

「墓とは何か」ということを真正面から考えるようになったのは、やはり母が亡くなった頃からだろうか。

通夜、告別式、四十九日などの一連の葬儀に続き、仏壇の購入、そして墓を準備する段になった。我が家は分家なので、墓を新しくつくらねばならない。

父が仏壇の購入先に、墓地の紹介を頼んだ。すると紹介されたのは、我が家からは比較的近いものの、車でしか行けない山の上の墓地である。私はもともと墓地空間には興味があって、以前から近隣の墓地を散歩がてらに見学している。その点に関しては本文でも触れるが、紹介された某霊園はすでに私の知っているところだった。

私は反射的に反対した。なぜなら、もっとも心地悪く感じた霊園だったからである。

明確な問題点があるわけではない。施設に不都合があるとか、職員の態度が悪い、といったこともない。

ただ広かったのだ。それこそ地平線が見えるかと思えるほど、延々と墓地の区画が広がる。複雑に区分けされていたが、ほとんどの区画に四角柱の石塔（墓石）が立っている。さらに裏山を崩して新たな区画を造成中だった。周りには緑の山が広がるのに、この霊園内は人工的で殺風景な石の風景が満ちていた。

そんな印象を父に説明して、その霊園は断った。しかし、ほかに紹介される霊園のいずれも、似たり寄ったり。

そのうち霊園一覧にありながら業者が紹介しようとしない地元の共同墓地に目が留まった。我が家から近いし、値段も安い。何よりこぢんまりしていた。昔ながらの墓地の風情が残っている。墓参りに行きやすいからと父も賛成したので、そこに決まった。

その後、墓地の中の場所選びと管理者との契約、そして墓石の形や色、グレード、石塔に入れる文言の決定……と、億劫な手続きを踏みながら、我が家の墓は誕生した。そして一周忌を待たずに納骨した。

しかし、正直この墓に愛着が湧いたかと言えば疑問だ。その前に立っても、歌の文句ではないが「そこに私はいません」と母に言われるような気になる。狭い墓地の敷地内に石塔がびっしり並んでいて、落ち着ける空間とは言い難い。今後この墓地に幾度お参りし、供花し、墓石に水をかけたり洗ったりするのか、草刈りは必要だろうか……と考え出すと、大金を払って購入した墓にもかかわらず、私には違和感がつきまとった。さらに子孫がいつまで墓守りをしてくれるかと想像を巡らすと、将来は無縁墓になる可能性まで連想してしまった。

そんな墓づくりの経験の中で、改めて脳裏に浮かんだのが樹木葬である。

近年雑誌や新聞で「終活」に関する記事を目にする機会が増えた。自分が亡くなった後のことを自ら決めておく活動である。まず相続や遺品の処理方法を示し、次は葬儀が課題となる。自分なりに望む形式を記すわけだ。そして最後に墓の問題が外せない。

それらに目を通すと、事例としてはペットの遺骨・位牌と一緒に入れてくれという希望のほか、誰それと一緒の墓に入りたくないという希望もあるらしい。さらに墓石の形や刻む文言も事前に決める。ただし、それらを遺族が実行するかどうかは……。

そうした「終活」から浮かび上がるのは、従来の葬儀や墓に満足していない、違和感を持っている人が多いという事実だろう。

背景については後で考察したいが、そんな違和感（私が抱いたものと同質のような気がする）が現在の墓地のアンチテーゼとして新しい埋葬の形をいろいろと登場させてきた。そして新たな墓を模索する中で、樹木葬という選択肢も一定の割合で登場している。葬と付くが葬儀ではなく埋葬の仕方だ。基本は墓標を石塔ではなく樹木にすること。墓の種類の一つとして認知され始めたようだ。

樹木のある自然の中に埋葬する行為自体は、とくに新しい発想ではないだろう。むしろ大昔なら、埋葬地が森など原野であることは普通だったはずだ。ところが、いつしか埋葬地は森と一線を画した区画の中になった。また消えない墓標として石塔を立てるのが一般的になり、さらに埋葬地を限定することで、石塔の林立した墓地が登場するようになる。結果的に墓地は、自然と隔絶した空間になった。

そんな風潮の中で樹木葬が登場したのだ。ある意味〝先祖返り〟と言えなくもない。

私が樹木葬に興味を持ったのは、結構昔だったと思う。なぜか書棚には世界の「葬送」に関する本が幾冊も並んでいて、樹木葬の本もあったのだ。仕事で「森林」をテーマにしていることと、もともと民俗学に関心があるから、それらに関した本が目につくと購入していたのだろう。

ざっと目を通すと、世界中にはさまざまな埋葬の仕方がある。いや、埋葬しない方法もある。大別すると、そこに故人が存在したことを記憶するべく遺体や遺骨などをなんらかの形で残したり埋葬地に墓標を立てる（場所の特定のほか、故人の素性を伝えるため）ものと、逆に遺物も場所も自然に溶けこませ消してしまうものに分かれる。

前者は、たとえば遺体をミイラとして保存するとか、防腐処理をして生前の姿を保つものがある。さらに埋葬地に、たいてい石造の墓標が立てられる。そこには埋葬者の名前のほか、生前の事蹟などが刻まれる。後者は、墓標を立てない埋葬や散骨、それに風葬や鳥葬なども入るだろうか。遊牧民族は、かつては草原に遺体を置くだけ、せいぜい埋めるだけで墓をつくらなかったと聞く。

樹木葬は、遺骨を埋葬した場所に墓標として樹木を植える、あるいは既存の樹木を墓標として周辺に埋めるという方式を取る。墓標があるのだから当初は前者にあたるが、樹木は生長して姿を変えるし、さらに年月が経てば枯れて消える。つまり時間とともに後者となるわけだ。二つの分類の中間にあるのかもしれない。

亡くなって日の浅いうちは、故人がどこに眠るのかわからなくなるのは遺族にとって寂しい。埋葬場所を訪れて故人に思いを馳せることで癒される。しかし、歳月が経ち故人と縁のある人がいなくなっても墓だけが残ることを望まない場合、自然に溶けこんでいくのは悪くないと思えた。

加えて私は、埋葬地が森になるという発想が素敵に思えた。人が死して木になり森が生まれるという点にロマンを感じるのだ。そこに魂が樹木と一体化するイメージが湧く。自然物に神性を感じる日本人の感性に近いのではないか。

考えてみれば、神道の基本は先祖崇拝と自然崇拝であり、その要である神社にはたいてい鎮守の森がある。森そのものを御神体として祀ることも少なくない。この「鎮守」という言葉は、（魂を）鎮めて守るという意味だから、森はもともと死者（先祖）の魂を祀り、遺族を慰めるためにあると言えなくもない。言い換えると日本人の深層心理には、死して森になりたいという願望を秘めているのではないか……。

その後日本に根付いた仏教の死生観も、そうした自然に溶けこむ発想と違和感なく共存したように思える。神道と仏教はゆるやかに結合して、神仏習合と言われる独特の宗教観が生み出されたが、それは死と自然を近しいものと捉えた日本人の心象に焼きついているように思う。

……そんなことを考える中で、もう一つ感じたのは、埋葬地としての森の可能性だ。

森の中を散策したら心がなごんだ、ストレスが消えた、体調がよくなった、などは誰もが感じているだろう。心理的な検査や医学的なストレスホルモンの数値でも確認されている。それは森が癒しの場になることを意味する。ならば森に葬られることは、究極の癒しにならないか。遺族にとっても、葬った場所が森ならば墓参りすることが森林浴となり、樹木が芽生えたり生長したりする姿を目にすることが、故人を想っての癒しにつながるだろう。樹木を魂の転生の象徴と捉えることもできる。

さらに森を埋葬地にする、あるいは埋葬地が森になれば、そこは神聖な場所となる。この感覚を生かせば、森林の保全にもつながるのではないか。

森の水源涵養機能がどうの、生物多様性と遺伝子資源がどうの、あるいは二酸化炭素吸収源としてどうの……などと森の重要性を訴えるより、森は愛した人の魂の眠る聖地というイメージを抱くほうが森を残す動機になりやすい。樹木葬が広がれば、埋葬地という聖地が森林保全の役割を果たすかもしれないと思いついたのだ。

そこで調べてみると、樹木葬に類する埋葬法は世界中に登場しており、多くは自然保護と結びついていた。各国の新たな埋葬の仕方は、細部に違いはあるものの、埋葬を自然環境の保全に生かすことを目的の一つに加えている。「緑の埋葬」という呼び方も使われていた。緑というのは樹木を指すだけでなく、環境に優しいという意味も含むのだろう。

もしかしたら、世界的に埋葬法の転換期を迎えているのではないか。日本の樹木葬も、「緑の埋葬」の潮流に乗っているのでは。そう考えると、単なる埋葬方法の変化に留まらない。世界的な時代の変化なのかもしれない……。

そこで日本の樹木葬の現状を知るとともに、世界の「緑の埋葬」とはどんなものなのか、さらに自然を守る埋葬法とは何か、という視点で追いかけてみることにした。

最初に日本の墓地状況や歴史的な変化を追うとともに、日本で最初に樹木葬を開始した岩手県の知勝院とその後の状況を報告したい。次に世界に広がる「緑の埋葬」事情と、日本で森になる樹木葬を行っている寺院・霊園を訪ね歩いてレポートする。そして最後に樹木葬が増える背景と意義、そして可能性について考えてみたい。

なお各地の事例には、さまざまな形式があり、樹木葬という言葉を使わないところも多い。だが、ここでは混乱しないように全体を通して「樹木葬」という言葉を使う。その分類などは改めて行いたい。また「緑の埋葬」という言葉についても、後に改めて考察する。

新たな墓をつくる必要に迫られている人、死後も好きな自然に包まれたいと思っている人、そして樹木葬の墓地をつくりたいと考えている人にも、参考になる情報と意見を示せたら幸いである。

もくじ

はじめに　墓をつくって考えたこと……3

第1章　お墓はいらない、のか？……15

地平線の見える巨大墓地　15
増える墓じまいと無縁墓　21
終活事情――自分の墓は自分で　31
墓に石塔と遺骨は必要か　37
悩みは遺骨の処理方法　45
樹木葬と自然葬の違い　51

第2章　日本初の樹木葬墓地はいま……57
知勝院の自然再生戦略　57
樹木葬が立ち上がるまで　68
殺到した視察と意外な反響　75
小平霊園の樹林墓地を訪ねる　81
「拡散」する樹木葬の姿　89
第3章　「緑の埋葬」先進国を俯瞰する……98
イギリス・DIY埋葬から進化した樹木葬　98
スイスとドイツ・埋葬は森の新たな活用法　107
アメリカ・埋葬地を生物保護区として保全　117

韓国・国主導で樹木葬地を推進・制度化　123

第4章　森をつくる樹木葬を訪ねて……130

受け入れ制限しつつ、緑地づくり・天徳寺（千葉県いすみ市）　131
無住寺復興と自然学校の起爆剤・真光寺（千葉県袖ケ浦市）　140
宗教性を弱めたNPO法人で運営・東京里山墓苑（東京都八王子市）　146
古墳もある境内で森づくり・醫王寺（兵庫県福崎町）　155
樹木医のいるバリアフリーの墓地・正福寺（鳥取県大山町）　163
生前に植樹して五〇回忌まで・宝宗寺（山口県萩市）　174
高原の木立の中に開設・眞宗正信教会（熊本県産山村）　180
巨木を育てる千年樹木葬（岩手県遠野市）、
広大な天然林を守る佛國寺（三重県大台町）　189

樹木葬墓地をつくりたい人々　195

第5章　死して森になる……201

消える寺院と僧侶の危機感　201
荒れる里山の救済に必要な「仕掛け」　207
求められる樹木葬の景観　212
樹木葬を選択するための壁　218
「緑の埋葬」の理念を考える　226

おわりに　明治神宮の森に想う……234
本書で取り上げた寺院一覧……238
参考文献……242

第1章　お墓はいらない、のか？

地平線の見える巨大墓地

私は、散歩に出た際、よく墓地を見て歩く。最初は、単に静かな場所で車などがあまり入ってこないからだった。しかし墓標の形や墓地の様式を見ていると面白くなってきた。なかには不思議な形の塔が建てられたり、よくわからない設備もある。

たまたま私の住まいの周辺に多くの墓地があったこともある。昔からの共同墓地もあるが、近年に開発された墓地がそこかしこにある。とくに大阪と奈良の間に横たわる生駒山の尾根や山麓には、たくさんの大きな霊園が造成された。

大阪には古くから多くの人が暮らしていたが、戦後は地方から移り住む人が増えた。彼らが都市に家庭を築いて生活を送った後に亡くなった際、遠い故郷の墓に入るよりも、身近なところに新たな墓地をつくる必要に迫られたのだろう。

かといって都心部では地価が高すぎる。霊園開発をする側にとっても土地が手に入りやすいところを探す。そこで生駒山など郊外の山が対象になったのではないか。大阪平野を見下ろす生駒山は格好の場所だった。山の斜面は眺めが良いから、墓参りに訪れる人も、見晴らしの良さを気に入って墓を購入するかもしれないという期待もあるだろう（正確には使用権の購入であって、土地の購入ではないが）。

昔から生駒山は宗教の山として知られ、多くの伝説とともに寺院や祈禱所がたくさんあった。おかげで八百万《やおよろず》の神様がいると言われるほどだから、業者にとっても霊園の開発には都合がよかったのだろう。

たとえば大阪と奈良をつなぐ阪奈道路沿いを走ると、次から次へと墓地の看板が現れる。昔ながらの墓地もあるが、新しい霊園も少なくない。競うように開発されたのではなかろうか。また、その周辺には石材業者も多くある。

新しい霊園ほど規模が大きいように感じるが、そこを訪れると愕然とする。周辺とは別世界なのだ。その広大さにショックを受けると言ってもよい。ほとんど地平線まで墓石が並ぶ。高台から見渡すと、多くの区画が設けられ、その中に四角い石が整然と幾何学的に配置されている様子は、シュールなデザインである。

区画の配置を示した地図を見ると、次々と拡張されてきたことが読み取れる。周辺の山を崩し

山を切り開いて造成された巨大墓地

て、墓地を増やしてきたのだろう。

ところどころにお堂やモニュメントもあった。なかには巨大なコンクリート製の仏像が並んでいる場合もある。高さ三、四メートルくらいは珍しくない。十数メートルもの観音像や弘法大師像など、種類も豊か。巨大仏は墓地にあり、なのである。

それらを眺めて思うのは、新しい霊園ほど周りの緑の山々とはまるで違った石の世界であることだ。それも基本的に平坦でだだっぴろい。あるいは訪問者にそれを感じさせることを狙って造成したのかもしれないが、何か圧倒されてしまう。

これらの霊園を少し離れた場所から見ると、あきらかに地形が改変されている。

かつて、峰や谷があったところをごっそり削って、あるいは埋め立てて造成したことがわかる。緑に覆われていたはずの山の斜面が、今は石の隊列に覆われているのだ。

じつは、私が山を散策中に古道とも言えない道に足を踏み入れ進んでいくと、突然前方でエンジン音が響きだしたことがあった。森の奥へと進んでいるつもりだったのに、気がつけばブルドーザーが森を切り開いている現場に出てしまったのだ。その造成は、新たな霊園の開発のためだった。

斜面に沿って段々に作られた霊園は、石の棚田のようにも見えた。いや、霊界のニュータウンなのかもしれない。当然、それだけの墓の需要があるのだろう。

考えてみれば、現代日本は年々死者が増えていく社会だ。人口構成が高齢者の多いいびつな形になったから、今後は亡くなる人も増えるのは自明の理だ。年間死亡者数が一〇〇万人を超えたのは二〇〇三年だったが、二〇一二年には一二五万六〇〇〇人に膨らんだ。その後も増え続け、二〇一五年は約一六〇万人に達したと推測されている。

当然、それだけ墓の需要も増えるはずだ。

一体、日本全国にどれだけの墓地があり、その総面積はどれくらいになるのか。

それを示す統計を探したのだが、見つからなかった。ただ墓地の数は二〇一一年三月時点で八七万三七九〇か所（厚生労働省「衛生行政報告例　平成二二年度」）である。もちろん、この中には古くからの小さな墓地もあれば、新しい大規模霊園もあるだろう。年間建てられる墓の数は、約三五万基と推定されている。そのうち四分の一が首都圏だ。

ちなみに日本で最大の霊園とされるのは、静岡県小山町の「冨士霊園」で約二一三ヘクタール。また札幌市にある真駒内滝野霊園も、約一八〇ヘクタールある。一二八ヘクタールの東京の多磨霊園は、都立霊園の中で最大だ。

真駒内滝野霊園は、私も訪れたことがある。まったく、どこまで広がっているのか圧倒される広さだった。車で走っても、今どこにいるのかわからなくなり迷子になりかけた。

この霊園には、名物とでもいうべき世界的な石造物のレプリカが実物大で作られている。これらを目当てに訪れる人も多い。私もその一人だったが。

鎌倉の大仏の隣にイギリスの古代遺跡ストーンヘンジがあり、さらにイースター島のモアイ像が行列している。その前には、なぜかチベット仏教で使われるマニ車（回すとお経を読んだことになる仕掛け）が設《しつら》えてあった。さらにエジプトの人頭有翼獅子像やシカなどの動物も石でつくられて設置されている。もはや石のテーマパークと言ってよいだろう。

さて、こうした巨大霊園はともかく、霊園面積の平均はどれくらいだろう。私の見て歩いた経験からすると、一般の霊園面積はだいたい一ヘクタール程度のところが多い。そこに数千基の墓石が並んでいる。

もっとも寺院の境内に設けられ、数十基の墓石が並ぶだけの小さな墓地も少なくない。広さが一〇~二〇メートル四方の極小の墓地もあった。墓地数の中にはそれらも混じっているだろうから、平均面積は少なめに見積もって〇・三ヘクタールとしよう。五〇メートル×六〇メートルでイメージするとよい。すると計算上は全国に約二六万ヘクタール以上の土地が墓地で占められるという計算になる。

なお霊園開設の際には「緑地化義務」がある。これは市町村の条例で定められるが、約二割だという。年々厳しくなっており、そのために新たな霊園開発や拡張が難しくなっている。古い墓地にこの規定はないが、とりあえず敷地の二割が緑地だとすると、八割の約二一万ヘクタールが墓所や駐車場、通路、ほか建物で占められる。つまり石、もしくはアスファルトやコンクリートで覆われたと考えてよいだろう。この面積は、数字だけを比べると東京都とほぼ同じだ。国土の〇・六%を占める。

施設の種類としては、どれほどの占有率だろうか。

そこでゴルフ場と比べてみよう。ゴルフ場は、年々減っているとはいうものの、まだ全国に約二三〇〇以上ある。一八ホールのゴルフ場の平均面積は、約一〇〇ヘクタール。二七ホール、三六ホールのゴルフ場もそこそこあるが、とりあえずこの数字で計算すると、全体で約二三万ヘクタールの土地がゴルフ場になっていることになる。

ただ、ゴルフ場面積のうち約六割は森林に覆われている。それは造成時に「残置森林」を設ける義務があるからである。芝生に覆われるのは全体の約四割で、池や川、法面、駐車場、建物などは一％以下だ。だから二三万ヘクタールの四割、九万二〇〇〇ヘクタールの自然が改変された計算になる。

つまり計算上は、墓地の植生改変面積はゴルフ場の二倍以上なのだ。しかもゴルフ場は、改変した部分もほとんどがフェアウェイやラフなど芝生である。つまり緑に覆われている。とくにラフは、芝生だけでなく雑草も混じった自然の草原植生に近い。その点、墓地は石やコンクリートで覆われており緑は少ない。

もちろん推定を重ねた数字だから、これらの面積を厳密に比べることにあまり意味はない。しかし、日本列島の壮大な面積に墓石が建ち並んでいる状況は想像できるだろう。霊園開発によってどれほどの自然破壊が進んだか、少しは考えてもよいのではないか。

増える墓じまいと無縁墓

近年、話題になっているのが「墓の墓」だ。ようするに墓石捨て場のことである。

茨城、千葉、岐阜、京都、兵庫、広島……と全国で〝発見〟されているが、有名なのは淡路島だろう。南あわじ市の山林で見つかったのは、推定一五〇〇トンの墓石が高さ四メートル以上に野積みされたものだ。墓石は乱雑に投げ捨てられたらしく、割れたり上下反対に転がっていたりする。地中に埋められた分も少なくないそうだ。この件では、産廃処理の認可を受けずに不法投棄した容疑で、二〇〇八年に石材店から墓石処理を引き受けて捨てていた運搬業者が逮捕されているが、その後の片づけもままならない。

もちろん合法的に無縁墓を引き取っている業者も各地にいる。ちゃんと積み上げて供養塔を立てているところもあるが、すべての墓石をそうするわけにもいかない。広島県の某寺院では七万基を引き取ったという。高松市の業者も、すでに一万基以上を預かるが、毎月のように搬入されているそうだ。

私自身も各地の霊園を見て歩くと、園内の一角（たいてい墓地の裏手にあたる人気のない場所）に墓石が積まれているところを発見する。何々家代々の墓とか南無妙法蓮華経などと刻まれた墓石だ。俗名や亡くなった年月が読み取れる。それらが積まれてピラミッドのようになっている。

供養塔の形に組まれたり石壁のように積み重ねられたものもあるが、放り投げたかのように転がっていて、横や上下反対に重なったものも多い。なかには墓石を基礎にして小屋を建てているケースも目にした。墓の裏手の山に足を延ばすと、砕かれた墓石が捨ててある光景を見ることも

墓地の裏にあった墓石捨て場

あった。

　これらは、ようするに撤去された無縁墓である。

　墓を建てる際、たいてい永代供養とされるが、この「永代」の意味は、決して文字通りの永代ではないことを、私も母の墓を建てる際に知った。基本的に三三回忌で打ち切りなのだ。では三二年間は確実に弔われるかというと、そうとも限らない。墓地に毎年の管理費を払わないと無縁仏として扱われかねない。すると墓石を撤去されるケースも出てくる。

　非常に歴史があり、わりとマスコミにも登場して名の知られた寺院の墓地を歩くと、古い墓石に、故人の縁者を探す札がかかっているのを見かけた。長く連絡がつかないため調査を行っているのだ。その数が馬鹿にならない。おそらく石塔の一割を超えるように思えた。古いお寺ゆえに墓も戦前どころか江戸時代のものもあるようだが、墓の継承者が途切れるケースは少なくないようだ。当然管理費も支払われないだろうし、荒れるに任せることになる。限られた墓地面積の中でそうした墓が増えたら、寺院の運営にも支障をきたす。

どこの霊園でも、長い間墓参りされた形跡のない墓が目につくようになった。敷地が草ぼうぼうで、墓石が汚れたままだから、一目でわかる。墓地の管理者は、通路などの管理はするが、個々の墓の敷地内は手をつけない。

熊本県人吉市では、そんな放置された無縁墓の調査を市全域で行った。すると、市内の墓の四割を超えていたという衝撃の結果が出た。墓地によっては無縁墓が八割にも達していたという。

霊園管理者としても頭が痛い状況が広がっているようだ。管理料が払われないからと簡単に撤去するわけにはいかない。問い合わせても返事がない、あるいは連絡先がわからなくなってから、一年ほどは故人のほか管理者の本名、本籍などを調べて官報で告知し、さらに墓そのものにも立て札などで告知しなければならない。それでも連絡がないことを確認してから撤去するのだそうである。しかし、撤去後に縁者が現れた場合、どのように対処するのか難しい。下手すると損害賠償を要求される可能性もある。

これは霊園経営側にとっても由々しき事態だろう。墓地の管理料未支払いだけではない。無縁墓を撤去する場合、墓石の処分と敷地の整地を行うほか、遺骨などは改葬する必要もある。これらの費用は霊園側の持ち出しになる。手間も費用もかかる。墓石の処理に困って不法投棄する業者も出るわけである。

一方で、霊園を歩くと最近は「墓じまい」の斡旋をする看板が目につくようになった。墓の継承が難しい場合は墓を撤去して合葬にしませんか、と呼びかけている。

墓参り代行サービスの看板も見かけた。遠くに住んでいて墓参りになかなか行けない人に代わって墓参りしてくれるというものだ。参るといっても、やるべきことは墓掃除なのだろうが、加えて花を手向けて手を合わせます、というサービス業である。こうした事業が成立すること自体、ちょっと首を傾げる部分もあるのだが、まったくの放置よりましなのだろう。

前項で霊園開発によって自然破壊が起きている状況を紹介したが、霊園内も荒れ始めたのである。

考えてみれば当たり前だ。日本社会は高齢化とともに少子化も進んでいる。つまり今後亡くなる人は増えるが、それを受け継ぐ人は減っていくことを意味する。子どもがいない家庭はもちろん、いても一人の場合は結婚したら夫婦両家の墓を継承することになりやすい。一人っ子同士で結婚したら、両家の墓の管理が一夫婦にかかってくることになる。とくに娘一人の場合は、多くが嫁ぐ。すると継承者がいなくなりやすい。墓は、法的には「祭祀財産」という特異な扱いを受けているが、継承者がいなくなれば消滅する。

だから「両家墓」も登場している。一か所の墓所に夫婦の実家両家の墓石を並べたり、一つの墓石に両家の名を刻むのである。しかし、名義や権利関係を明確にしておくほか、両家の遺族の意思疎通がよほどうまくいっていないと難しい。仮に将来離婚した場合、どのように対応すべきだろうか。

また継承者が同じ地域に住むとは限らない。居住地の移動は珍しくなく、とくに都会に吸いよせられていく中で、田舎の墓は遠くなる。子孫からすると、住んだこともない親の故郷の墓など、管理費、交通費の負担を考えても手に余るだろう。

そこで改葬も増えてきている。先祖の墓を子孫の住む地域に移すのだ。そのほうが墓参りにかける時間を短縮できる。しかし、改葬の手続きもなかなか煩雑だ。

大雑把に記すと、まず移す側の墓地側から「受入証明書」、現在の墓地側から「埋葬証明書」を発行してもらう。次に、現在の墓地のある市区町村に受入証明書と埋葬証明書を提出して「改葬許可証」を交付してもらう。この許可証を新しい墓地の管理者へ提出するのである。さらに移した墓地を更地にして返却する。手間も費用もかかるわけである。

加えて仏教的な儀式の手続きとしては、無くす墓で「閉魂法要」、新しいお墓で「開眼法要」を行うことになる。仮にどちらの墓も維持する場合は、遺骨の一部だけを移す「分骨」となる。

「分骨」には「分骨証明書」が必要だ。

　寺院の檀家になっている場合は、その寺から離れることになるが、寺院側からすると収入源を失うことになるので抵抗する事例も少なくないという。離檀料を要求する寺もある。それも結構な金額だ。何から何まで金がかかるのだ。もっとも、法的には檀家制度自体が廃止されていて、離檀料も存在しないはずなのだが。

　このように見ていくと、墓とはなんと面倒なものか。しかし、それ以上に私が感じるのは、何のための墓の継承か、という点だ。自分の両親や祖父母世代までなら、育ててもらったり顔馴染みだから彼らの墓を守ることに記憶を紡ぐ意味がある。しかし、それ以前の祖先、あるいは親戚となると、ほとんど記憶にないはずだ。果たして見知らぬ祖先のために墓を継承するエネルギー（と金）を費やせるか？

　先祖という言葉には、始祖から綿々と続く血筋・家系を意味するはずだが、現実に想像できるのは父母、祖父母、せいぜい曾祖父母ぐらいまでだ。それ以上離れた人を先祖と言われても高名で文献などに事績が記されているならともかく、通常は実感が湧かないだろう。

　いや、今は祖父母と孫も疎遠になっている。核家族化の進行によって、三世代が一緒に住む家庭も減ったからだ。しかも長寿社会と言われるとおり、近年の死者の大半は八〇歳代以上となった。すると子どももすでに老年期に入っている。孫も、同居した時期もなく馴染みの薄い祖父母のために、墓参りをする気になるか。おそらく長く墓守はできないだろう。三三回忌どころか一三回忌も行うところは減ったという。

結局、どこかで打ち切るときが必要なのである。

つまり無縁墓とは、家の（血統などの）継承する縁者がいなくなるという意味を超えて、継承する気持ちがないという状態に広がっていく。

先に、今後死者の数が増えるのだから墓地の需要も増えるだろう、と記した。だが、じつは必ずしも墓地を求める人は死者数と同じように増えていないそうだ。むしろ想定外に伸び悩んでいると聞く。

関東圏では、二割以上が葬式を執り行わず直葬（直接、火葬される方法）されている。そして遺骨を墓に入れない、墓をつくらない例も増えているという。自家に先祖の墓のある人はだいたい三分の二であり、残り三分の一は新たに墓をつくらないと自分の墓は持てない。しかし、墓をつくるのはかなりの出費を伴う。だからつくらない、つくれない人が増えているのである。

また遺骨の遺棄も増えている。もっとも目立つのは、電車などの網棚に「忘れたかのように」骨壺を置いていく方法だそうだ。それらは一応、遺失物として警察に預けられるが、誰も引き取り手はなく、最終的には公共の納骨堂などに納められる。ほかにも公共施設のトイレに置かれている例も多い。なかにはショッピングモールのトイレに流そうとしたケースや、他人の墓の中に勝手に納められていた〝事件〟もあるそうだ。

おそらく親族ということで遺骨を引き取ったものの、さほど故人と馴染みがない、あるいは墓に入れられない事情がある、しかし自分の家にずっと置いておくのも気が進まない……そのため持て余したのだろう。

そこで小包郵便や宅配便などで「お骨を送ってくれたら供養します」と呼びかけるお寺も登場している。わずかな供養料だけで骨を引き取るのである。さすがにお骨の遺棄は気が引けるが墓を設けられない人に、寺に足を運ぶ手間も納骨料も安上がりに済ませられるように考え出された方法だ。

各地で霊園開発をしている会社によると、二〇〇八年のリーマン・ショック後、契約者が激減したという。その後景気が多少回復しても元に戻らない。やはり経済事情が墓にも影響するのだ。また高齢者は亡くなる前に病気や介護を必要とすることが多い。この期間に多くの財産を費やしてしまうケースも少なくないのである。たとえば六〇代で倒れて一〇年以上の闘病生活や介護が必要な暮らしを送ったとすると、退職金を含む財産はかなり目減りするだろう。その結果、亡くなった際に墓を築く余力がなくなってしまう。それに残された家族の生活も考えれば、墓に金を費やすことに躊躇するのだ。

また、それなりの財産があっても、墓をつくることに熱意を持たない人も少なくない。なぜ死者に財産を費やさねばならないのか、疑問を持ち始めた人が増えてきたのだろう。実際、葬式や納骨などで接した僧侶の言動などに腹を立てる例は少なくない。弔う場なのにもかかわらず、態度が傲岸不遜だったり、読経の時間が極端に短かったり、金銭的ないざこざを起こした経験の持ち主もいる。じつは、我が家もその一例である。

そうした時流に対応して、永代供養墓をつくる寺院や霊園も現れた。先に永代供養と言ってもせいぜい三三回忌までと記したが、ずっと供養を続ける納骨堂形式の墓である。ただし個々人、家ごとの墓ではなく、納骨されたものすべての供養が行われる。これなら子孫が墓守に悩まずに済む。

私が覗いた納骨堂は、一人あたりの容積は数十センチのスペースだった。それがびっしり壁の上下左右に並んでいる。最近は機械仕掛けで、墓参に行くと遺骨を参拝ブースに引き出すタイプもあるそうだ。

しかし永代供養墓は、経営的には苦戦しているらしい。やはり、一辺のプレートやコインロッカーのような納骨の方法に心理的抵抗があるからかもしれない。それに、いくら納骨形式で小さな容積だと言っても、いつかお骨があふれるときが来るのではないかと想像してしまう。なんらかの箱（骨壺など）に納められたら、その骨は自然に還ることなく、永遠に残るからである。また納骨堂自体も建物であるゆえに老朽化は避けられない。将来は建て直しの必要も出てくるだろう。そのとき納められた遺骨はどうなるか。

いずれにしろ、墓を巡る事情は混沌としている。死者が増えることと、墓をつくる、あるいは継承することは一致しないのだ。それどころか本来は遺族に安らぎを与えるはずの弔いと埋葬の行為が悩みを増やしているのである。

終活事情――自分の墓は自分で

大阪市を南北に伸びる上町台地は、寺町でもある。大阪城のある辺りから天王寺公園辺りまで寺院が多く集まっている。有名無名のさまざまな寺院が軒を連ねていて、たいてい墓地を付設する。考えてみれば大阪都心の一等地にある墓地群だ。

大蓮寺の墓地は、無名芸人をしのぶモニュメント「吉本芸人塚」などを建てていることで知られるが、墓地の奥まったところにある「自然《じねん》」と名付けられた墓域は特殊だ。大きな透明なガラス壁の前に芝を植えられた一角があり、そこに通常と比べて小さめの墓石が並ぶ。そこには俗名がフルネームで刻まれているほか、戒名も付けられている。夫婦で並べて建てているものもある。つまり個人墓。だが、特殊なのは、これらの墓を建てた人のほとんどは、まだ生きていることである。つまり生前墓なのだ。

同寺の説明では、「永代供養の生前個人墓」だという。生前に個人の意志で申し込み、元気なうちにお寺との縁を結ぶ。亡くなった後に承継者がいなくなっても、大蓮寺が責任を持って永代にわたり供養、管理するとされる。ちなみに納骨は石の下ではなく、ガラス壁の背後の納骨廟にある一辺一八センチの地下スペースに行う。三三回忌まで供養して、その後は永代供養総墓の「共命《ぐみょう》」に納められることになっている。

ただ寺側の狙いは、契約者が亡くなり埋葬されてからよりも生前の交流にある。生きている間に寺との関わりを持ち、また同じ墓に入る仲間をつくる。人生後半期にありがちな不安や悩みを、大蓮寺と「自然」の仲間とともに支え合おうという趣旨なのである。

葬式仏教と言われて、寺は人が亡くなったときにしかつきあいがない時代に対するアンチテーゼかもしれない。が、同時にここまで来たか、という思いもある。血縁ではなく、墓の縁による人と人のつながりを築く時代だとは。最近は「墓友」という言葉も登場しているが……。

この寺だけでなく、生前契約の墓は増えている。まだ生きているうちに、自分の墓を自分で用意するのが、一種のブームになっているかのようだ。

生前契約で墓を求める活動は、「終活」の一部らしい。終活とは、自らの人生の終わりに際して必要なことを自ら事前に準備する活動のことである。

たとえば相続などが絡む自宅や家財の処理、家具や自分の思い出の品の処分方法、家族などに残す言葉、葬儀の方法、そして墓の手配や埋葬方法を決めていく作業だ。これらの活動を行うことで残された家族に迷惑をかけずに済まし、自身も安心して余生を過ごせる……と説明されている。

それらの死後の手続きを確実に実行してもらうには、正式な遺言書を作成する必要があるものの、最近はもう少し気軽にエンディングノートを記すことが提案されている。認知症になった際の介護や終末期医療の方針、葬式で招いてほしい友人知人とその連絡先、墓に関する希望……そして家族への感謝の言葉などを記すのだ。

「終活」という言葉は、一説によると『週刊朝日』誌の記事で使われた用語だという。すでに二一世紀に入った頃から自ら死の準備をするための記事が雑誌や新聞に増えていたが、同誌では二〇〇九年からそうしたテーマで連載が行われ、それを「終活」と名付けたのである。おそらく、当時すでに使われていた就活（就職するための活動）や婚活（結婚するための活動）と同じ感覚で名付けられたのだろう。

やがて「終活本」と呼ばれるような、死を迎えるにあたっての準備に関するノウハウが載った書籍がいくつも出版され始め、さらにテレビなども取り上げるようになって言葉は広まってきた。

そして「終活」は、二〇一二年の流行語大賞に選ばれている。つまり世間の認知度が高まったのだ。

その背景には、当然ながら社会の高齢化の進展とともに六〇代以上の人口が増えたことがある。人口ボリュームの大きい団塊世代（厚生労働省の定義によると一九四七～四九年に生まれた世代）が六〇歳になるのが二〇〇七年からの三年間。ここで定年を迎えてビジネス社会から一度リタイアする。再就職するかどうかはともかく、そろそろ自らの人生の最後に目を向ける年になったのだろう。

かつて葬儀や埋葬などは、親族や地域社会が仕切ることが多かった。地域に伝わる風習も強くあった。しかし、戦後は人々の移動が大きくなり、また地域社会とのつながりも弱くなった。昔からの風習に従うことなく、自ら仕切らねばならないし、また仕切ることができる社会になったといえるだろう。

同時に、現在の六〇代七〇代は、親の世代の看取りを経験した、あるいは現在していることも関係しているように私は思う。自らの周辺で親の世代や、自分と同年代が急な病気などで亡くなるケースを経験し始めるのだ。そして死後の手続きを経験したり見聞きすることが増えた。それも、あまりよい形ではない。介護でへとへとになっている家族が今度は親の財産相続で揉めたケース、また葬儀に参列したものの、心地よくなかった経験があるのではないか。

それらを自らの身に置き換えると、自分の番が来たら、介護も葬儀も相続も、そして墓づくりも、もっとスムーズに行ってもらえるように自分で事前に準備したくなる。言い換えると、自分の終末は自分で決めたくなるのだ。

すでに終活を支援するＮＰＯや社団法人などの団体が相次いで生まれているほか、終活アドバイザー（カウンセラー）や終活読本、終活専門誌などの出版も増えている。終活カウンセラーは資格として検定試験が行われて、初級、上級などとランク付けされているそうだ。

終活事情の中でも墓の問題に絞ると、これまでは先祖代々の墓に入るものという固定概念があった。しかし、分家など新たに墓をつくらねばならない家族も少なくないし、そもそも故郷から離れて都会に住む人にとっては、今更遠くの田舎の墓に入っても、墓参りだって十分に行えない。何より旧来の墓制度にすっぽりおさまるのはイヤだという気持ちが芽生えている。

さらに不仲な夫婦が配偶者と同じ墓に入りたくない、嫁が義理の父母と一緒の墓に入りたくないという思いも強まってきた。私のように、あまりに巨大で自然を破壊して建設された霊園に嫌悪感を感じる人だっているだろう。さらに墓守をすることになる子どもたちに迷惑をかけたくないという親心も強い。先に触れたが、一人っ子などが親の墓の管理で苦しむ状況はつくりたくないと思うのだ。

そして天涯孤独の人もいる。ずっと独身で過ごした、あるいは事情があって親族と疎遠になっているなど、無縁社会は想像以上に広がっている。そうした人が自分の亡くなった後の手続きを知らない人に任せるのも忍びない。自分で決めておこうという気持ちが終活を行わせる。生きているうちに自分が満足する墓を用意しておこうというわけだ。

そもそも現在の墓石は、値段さえはっきりしないうえ、その形式に違和感を持つ人も増えてきた。テカテカ光った石塔の表面も「○○家の墓」という文言も違和感がある。自分の好きな言葉を刻みたいと思ったり、好みの環境を求めるようになる。

実際、私が歩いた霊園には、見た目も新しい石塔にはさまざまな形があり、そこには家名やお経ではない言葉が刻まれているのを見かけるようになった。たとえば故人は音楽が好きだったのかギターやピアノの形をした墓石もあれば、「夢」とか「希望」「感謝」という文言も目にする。

近年はさらに自分の墓に対する要求が広がっている。草花が好きだから墓に多くの花を咲かせて庭のようにしたいとか、愛犬や愛猫と一緒に眠りたい。さらに家族とではなく、友人と一緒に入りたいというケースも少なくないそうだ。何も家族と仲が悪いわけではなく、それぞれが自ら好きな環境の元で眠りたいという気持ちがある、あるいは早く配偶者を亡くして、その後仲良くした友人と過ごしたほうが長いためらしい。

しかし現在の霊園などの規約では、同じ墓に家庭の違う人やペットの骨を入れるのは難しい。それを遺言として残しても、遺族が実行に移すにはかなり手間がかかるだろう。そこで自ら生前に希望が叶う墓地を見つけておき、墓石などを用意しておくケースもあるそうである。

墓に石塔と遺骨は必要か

ここで、原点に還る。そもそも墓とは何か。歴史的な経緯と習俗、そして現代の法制度の面から考えてみたい。

人はいつの時代でも死ぬ。当たり前だ。死んだら、その遺骸をどうするかによって墓は生まれたのだろう。ネアンデルタール人の化石の中には、死後埋葬されたことを示す証拠が見つかっている。花も飾ったらしい（花粉が検出されている）。これは人類史における墓の誕生と言えるだろうか。

いずれにしろ人は、家族や友人など自らとつながりのあった人の死を弔う気持ちを早くから持っていたようだ。

その形式は、遺骸を土の中に埋めるだけでなく、遺骸を川に流す、山野に放置するという手段もあった。チベットで行われる鳥葬などは、鳥についばませることで魂の抜け出た遺骸を「天に送る」という発想から行うという。同じように風葬もある。遺骸を大地にそのまま置くものだ。多くは腐敗して骨となるが、乾燥地帯ではミイラ化するらしい。

一方でインドの古代仏教には、遺体を安置した場所に日々通い腐敗していく過程を目にし続ける修行法があったそうだ。放置のようにも見えるが、これも弔い方の一つなのである。これも墓に相当するだろうか。

日本に戻ると、縄文時代は集落の真ん中に埋葬したという。墓地と祭礼の広場を集落の中心に置いて、住居が墓地を取り巻くようにあった。意識の中で死者と生者の区別が明確でなかったのかもしれない。

しかし農耕が始まり稲作が始まると、墓地は郊外へと移されていく。貴重な土地は住居もしくは農地へと変わり、埋葬地は集落や農耕などの利用に適さない場所が選ばれるのである。その際は遺体をそのまま土中に埋めるのではなく、瓶《かめ》などの土器に納めたうえで埋葬するようになった。

吉野ヶ里遺跡など弥生期の遺跡からは、瓶に入れられた遺骨が多く見つかっている。そして方形や周囲に溝が掘られたもの、また円墳など地域と時代によって特有の形が生まれてくる。目に見える形で墓が登場するのは、この時代からだと考えてよいだろう。

そして古墳時代へと移る。墓が時代を示す言葉となっているのだ。

私は子どもの頃、よく友人たちと古墳の中に入って遊んだ思い出がある。住んでいた生駒山麓には古墳が多くあったのである。

今では公園として整備されているが、当時はかなり放置状態だった。発掘後だったのかあるいは盗掘されたのか、巨大な石を組み合わせた玄室がむき出しになっていて、自由に入ることができた。奥行きは数メートルだが、そこに入るとなんだか不思議な異世界に潜りこんだ気分になったものだ。

古墳とは、古代の王、もしくは豪族が死んでも自らの存在を後世に伝えるために大きな墓をつくったものだろう。だから偉大さを示すために、より巨大な墓をつくることに熱中したのではないか。死んだ後に自分が存在したことを忘れられるのを恐れたのかもしれない。もっとも幼い私たちが遊ぶときは、秘密基地になったり、原始人の住処だという想像を働かせていたのだが。

古墳も千差万別だが、大仙陵古墳（仁徳天皇陵）のように長径四八六メートル、高さ三六メートルと世界最大級のものから、せいぜい数メートルの墳丘まである。もっとも小さなものでも、現在のお墓と比べるとかなり大きい。

これらの墓は、単に遺骸を埋葬するだけでなく、副葬品も多く納められた。エジプトのピラミッドや王家の谷（の岩窟墓群）の例も含めて、生前の権力や財力を示すように墓には副葬品が入れられたのだ。今もたまに荒らされていない古墳が発掘されて、剣や鏡、さらに冠などの金製品などが見つかって考古学ファンの興味をかきたてる。あるいは古墳の中に彩色壁画が見つかることもある。

だがよく考えると、そんな巨大墳墓をつくれたのは、地域の王や位の高い人物だけだ。その墳墓を築いた大多数の人々の墓は見つかっていない。というか、多分ないのだ。おそらく庶民は死んでも山野に遺骸が埋められただけではないか。副葬品もほとんど入れられなかったのだろう。

古墳がつくられたのは、三世紀から六世紀後半まで。七世紀に入ると、きわめて稀になる。律令国家が成立すると、古墳を求めなくなるのだ。墓は質素に小さくなる。副葬品もあまり入れられなくなったようだ。

そして火葬が登場する。

西暦七〇〇年、僧の道昭《どうしょう》は、遺言により火葬された。これが文献記録に残る日本で最初の火葬である。もっとも民俗学、あるいは考古学的には、さらに以前より火葬が行われていた証拠がある。古代の埋葬跡から焼骨が出土しているからだ。

しかし、それが一般化したわけではなさそうだ。それは宗教や民俗的な理由だけでなく、人一人を灰になるまで燃やすためには、莫大な燃料が必要だったからだ。当時はほぼ木材だろうが、それを調達するのは量の確保に加えて運ぶのが大変だったはず。当然、財産があるか地位の高い人しか行えない。やはり大多数の人々、とくに庶民の遺骸は、そのまま山に埋めるか放置されたらしい。「野棄て」という言葉もあった。

天皇でさえ、仮の宮に遺骸を安置して白骨になった後に山中に埋葬されたという。

なお庶民が墓を持つのは、江戸時代の中期以降らしい。この頃に確立した寺院の檀家制度によって「葬式仏教」が成立し、その過程で徐々に石塔の建立が行われる。それも最初は板状のものが多く、それが近世後期に角石型へと変化する。石塔の大きさを競うようになったのは明治になってからだ。

また個人の墓から一家ごとの「先祖代々の墓」になっていくのは、第二次世界大戦以後である。これは家族ごとの合葬墓だが、意外と普及したのは最近のことなのである。

ただ墓の研究によると、土葬にしろ火葬にしろ、遺体を埋葬することと、現在の墓に通じる目印（墓標）を置くことは別だった。遺骸や遺骨を埋める場所に、現在のような石塔は必ずしもなかった。

少し考えると理解できるのだが、遺骸を土葬した上に石塔を建てるのは無理だ。なぜなら遺骸が土に還るとその土地は陥没するため、石塔が倒れてしまうからである。だから埋葬地には土まんじゅうをつくり、そこに木製の卒塔婆などを立てた。せいぜい自然石を置く程度だった。それらは時とともに朽ち果てる。草木が生えて、自然に戻るのである。

一方で手を合わせる対象としての石塔は、別の場所に建てられることが多かった。土葬する場所と、参る場所が別々なのである。

民俗学の世界では「両墓制」が指摘されている。肉体と霊魂を分離して考えることで、遺体を埋葬した墓とは別の離れたところに霊魂を祀る石塔を建てたのだ。これは近畿圏で報告例が多いが、土葬場所（埋め墓）は集落外か、寺院の裏山などである。

集落内の寺院に石塔を建てた墓（詣り墓《まいりばか》）がつくられた。埋葬地に足を運ぶことは稀（むしろ忌避する）で、いつしかどこに埋めたかも忘れられる。一般に墓として認知されているのは詣り墓なのである。ただし、詣り墓をつくらない人も多い。

私も埋め墓、つまり土葬の墓を見たことがある。そこは石が敷きつめられていて、小さな石塔があった。埋められた場所を示しているようだ。そこから道を挟んで反対側に詣り墓があった。

土葬が普通だった時代は、どこに遺体を埋めるかを決めるのは結構大変だったらしい。遺骸を埋める区域はだいたい決まっており、そこに代々埋葬されてきた。埋葬のため穴を掘ると以前埋葬された遺骨が出てくることも少なくなかった。それがイヤだったという話は田舎に行くとよく聞く。たいてい若い者が掘らされたという。じつは私の父も経験したそうだ。古い遺骨ならまだしも、まだ肉のついた骨が出てくる場合もあったらしい。

それこそ埋め墓は、そこに誰がいつ埋められたかわからなくなってしまうという事実を示している。当時は必ずしも埋葬した場所を特定できる印などは設けなかったのである。平安時代の貴族でも、親の葬った場所を探したがわからないと嘆いた記録（平安末期に成立したとされる『栄華物語』など）が残っている。

詣り墓は反対だ。詣でるのだから場所が特定されることが重要だった。

たとえば高野山には織田信長や豊臣秀吉など戦国武将のほか、全国の大名の墓があることで有名だ。いずれも江戸時代になって幕府が奨励したことで、各地の藩主などが先祖供養として競うように建てたものである。しかし、そこに彼らの遺骸はもちろん、骨などが納められているわけではない。本来、彼らの墓は故郷にあるのだ。高野山に建てられたのは、記念碑的な石塔だけである。いわば詣り墓だろう。

詣り墓には、遺骨・遺灰・遺髪など死者の遺物は埋葬されていない。それは現在の墓の定義からすると外れている。法律で定義されている墓とは、故人の遺物（物ではなく身体の一部）が埋葬されているものである。

遺骨と石塔が合体したのは、火葬が普及してからだろう。現在の日本は、九九・八％が火葬である。世界的に見ても珍しい高率だ。ごく一部、山村集落などには今も土葬が残っているが、それは例外と言える。古い習俗を守っているというだけでなく、近隣地域に火葬場がないなどの理由もあるようだ。

明治以後、廃仏毀釈や国家神道など神仏を分離する動きが強まり、一時は葬儀も神式で行うよう太政官通達が出ている。火葬も禁止した。しかし、ほどなく解禁され、ほとんどの葬式は仏式になった。政治的意図では、何も変えられなかったのである。

むしろ火葬が普及したのは、明治以降だ。火葬そのものは江戸時代から徐々に広がった（江戸や大坂の町には焼き場があった）ようだが、火葬を禁止している藩（会津藩、萩藩など）もあった。しかし、都会から火葬は広がっていく。土葬する土地の確保が難しくなったからだろう。明治三〇年の記録によると、全国の火葬率は二九％である。しかし明治三八年の東京や大阪などでは、すでに九〇％を超えていた。人が多く（死者も多い）土地に限りがあるところから火葬が普及したのである。

それでも日本で火葬がなぜこれほど広がったのか、十分に納得できる説明はない。衛生面や土葬の土地の確保の困難さは、ほかの国でもさほど変わらない。一方で、仏教的な考え方に火葬への忌避感が弱かったことは指摘されている。それは輪廻思想の「転生」を信じることで、肉体と魂を分けて考えたからかもしれない。

一方でユダヤ教やイスラム教では火葬は御法度だし、キリスト教でも拒否感が強い。概して欧米では、遺骸や遺骨などに対する執着が強く、なんらかの形で残そうとしてきたそうだ。聖書におけるイエス・キリストの「復活」の思想が影響していると言われる。

欧米では近代に入って幾度か火葬推進の政策や運動が行われたものの、もっとも進んだイギリスでも七割程度。ドイツで四割、フランスでは一割にも達していない。またアメリカでも三割程度だという。

火葬にすると、残るのは骨と灰だけだ。すると、この骨や灰の処理が課題となる。ただ嵩が格段に小さくなるとともに、もはや体積が変わることは少ないため、埋葬は石塔の下でも可能となった。火葬では埋め墓と詣り墓に分ける必要もなくなった。

火葬は、遺体を小さな遺骨に変えてその後の処理を簡単にしたかに思える。ところが、小さく分量の減った遺骨が逆に人々を縛るようになる。

悩みは遺骨の処理方法

歴史的な墓の変遷から現代のお墓事情へと追いかけていると、どうやら現代の墓にとっての最大の難物は「お骨の行方」であることに気づいた。

現在、日本で墓と言えば火葬にした骨を納めるところ、という暗黙の了解がある。しかし、すでに見てきたとおり、土葬時代は必ずしも石塔の立つ墓の下に遺骨はなかった。それでも現代の墓が骨と切り離せないのは、一つには法律の問題を抱えているからだ。

現在の日本でお墓に関する法律というと、「墓地、埋葬等に関する法律」（昭和二三年五月三一日法律第四八号）である。一般に墓埋法と略されるが、この法律の第一章総則に次のようにある。

第一条　この法律は、墓地、納骨堂又は火葬場の管理及び埋葬等が、国民の宗教的感情に適合し、且つ公衆衛生その他公共の福祉の見地から、支障なく行われることを目的とする。
第二条　この法律で「埋葬」とは、死体（妊娠四箇月以上の死胎を含む。以下同じ。）を土中に葬ることをいう。

これで墓地と埋葬が定義づけられたのだ。ここでは火葬にしなければならないとか、土葬を禁じる意図はないことがわかる。ただし、第二条の五項には
「この法律で『墓地』とは、墳墓を設けるために、墓地として都道府県知事（市又は特別区にあつては、市長又は区長。以下同じ。）の許可を受けた区域をいう」

と規定されている。

さらに第四条には
「埋葬又は焼骨の埋蔵は、墓地以外の区域に、これを行つてはならない」

と記されている。つまり、どこでも埋葬するわけにはいかないのだ。当たり前のように感じるが、樹木葬を行う際に留意しなければならなくなる条項だ。

この墓の定義によると、先に紹介した「詣り墓」のように骨が納められていない墓は、法律的には墓ではないことになる。つまり、どこに設けてもよいという解釈もできる。

お骨の行方を考えると、必ずしもすべての骨を埋葬するわけではない。関東では火葬後、基本

的に全骨を骨壺に納めるが、近畿圏ではすべての骨を拾うわけではない。小さめの骨壺に一部を納める。残りの骨は、火葬場で処理する。一応、供養塔に納めるといわれるが、それもすべてを永久に保存できるわけではない。やがて満杯になるだろう。新たな処分方法が必要になるだろうが、その際の処分方法はあまり明かされていない。どうやら砕いて埋められている（寺院などの墓地用地だという）らしい。

手元供養という形で墓に納めず、家の仏壇などに残す場合もある。そのための見映えのよい骨壺もつくられている。最近は、遺骨を粉にしてアクセサリーに加工することも行われるそうだ。そして身につける。故人を常に身近に感じられるというのだ。

アメリカでは宇宙葬が行われている。カプセルに遺骨を詰めて宇宙に放つのである。一人分わずか数グラムだが、人工衛星に積みこまれロケットで打ち上げられる。それは地球を周回する軌道に乗って回り続ける。もっとも、最終的には大気圏に突入して燃え尽きるという。流れ星になる、と表現されているが。

つまり、お骨は必ずしも墓の下に埋められるわけではないのだ。

ところで埋葬すれば、いつか骨も土に戻るだろうか。土質にもよるが、酸性土壌だと骨も分解されやすい。日本では、考古学の世界でもあまり骨が発掘されないのはそのためである。土葬の場合、長い時間をかけて骨も土に還る可能性が高い。

しかし火葬された骨は、その意味でやっかいだ。高温にさらされることで骨がセラミック化している。陶磁器のようになってしまうので分解しづらいのだ。

加えて墓の構造上の問題もある。現在の石墓には下部にカロートが設けられている。つまりコンクリートの小部屋だ。これは地域によって流儀が違うが、カロートの底が地面のものと、完全にコンクリートないし石で覆われているものに分かれる。近年はほとんど後者だという。

そこに骨を納めるわけだが、陶器製の骨壺に入れることが多い。つまり遺骨は骨壺とカロートで二重に外界と遮断されている。骨が直に土に触れれば菌の力で分解しやすいが、このような納骨の仕方では骨のまま残りがちだ。これは故人の一部を残すことを意味する。かつてはそれでよかったのかもしれないが、現在のお墓事情では困ったことになる。場所を取るうえ、墓じまいの障害になるからだ。

そこで思い出した。究極とも言える、お骨の行き場があった。それはお骨仏《こつぼとけ》である。お骨によってつくられる仏像だ。有名なのは大阪の一心寺にある。

お骨仏づくりは近年始まったことではない。高僧の骨を練りこんだ仏像づくりは昔から行われていた。滋賀県の三井寺では、九世紀に円珍和尚の骨によるお骨仏がつくられ、これは国宝に指定されている。しかし、一心寺のように無名の人々の多くのお骨によってつくられるのは珍しい。

一心寺で最初につくられたのは、一八八七年（明治二〇年）だった。一八五六年（安政三年）

より年中無休で施餓鬼法要を営み始めたためだ。すると納骨に訪れる人が格段に増えた。古来、霊場への納骨や納髪の風習がある。永代にわたって供養してもらおうという意図だろう。しかし、お骨はどんどん溜まっていく。保管場所にも困るが、丁重にお祀りする方法としてお骨仏の造立が発願されたのだという。

作り方は、お骨を粉にしてから糊や土を混ぜて造形していく。だいたい一〇年ごとに開眼（製作）されるので、現在は一三体目になる（ただし戦前の六体は、戦災によって焼失した）。最近では二〇〇七年に開眼されているが、そこには一六万三二五四人のお骨が含まれているという。

故人の遺骨で仏像をつくれば、それを多くの人が拝んでくれる。お骨仏を拝むことで遺族は故人の供養をするだけでなく仏様を礼拝することにもなるという発想が評判を呼んで、今や全国各地、いや海外からも納骨が行われているそうである。

ちなみにこの信仰習俗は、二〇〇五年に大阪市の無形民俗文化財に指定された。

私も一心寺を参拝したが、お骨仏は座像ながら高さは二メートル近くあるように思えた。白い肌をしているものの、少し暗がりのため人肌ぽく見える。この一体に何千何万人分のお骨が含まれているのだ。それが七体並んでいる……。

今では一心寺だけでなく、全国にお骨仏をつくるお寺は登場している。家族の骨を入れて仏像をつくる寺や、製作を請け負う会社も登場した。

先に触れた改葬や墓じまいでも、先祖の骨の行き場を探して一心寺に納めるケースが少なくないそうだ。墓をなくすということは、その中に入っている骨の行き場を見つけることにつながっている。完全に土に還っていたら問題ないのだが、骨の形があれば勝手に処分できないし、何より供養を考えると、お骨仏は選択肢の一つになるのだろう。

なお付け加えると、火葬した後に必ずしも骨が残るわけではない。高温で焼けば、骨も形を残さず灰にすることは可能だ。だが現在の日本の火葬は、あえて骨が残るように焼いている。骨上げ（お骨拾い）が行えるようにするためだ。しかし、最初から申し出てより高温で焼いてもらうと、灰しか残らない。散骨の際はお骨を砕いて粉にする必要がある（そのための業者もいる）が、じつは焼き方次第なのである。欧米の火葬では、むしろ灰になるまで焼くのが普通だ。

またお骨が残っても、引き取りを拒否することもできる。そうなると、埋葬自体が必要なくなるのだ。自治体の火葬場では、遺骨の引き取りを条例で定めているところもあるが、火葬場側が承諾すれば骨の処分は任せてしまえる。

もともと無縁者などは、引き取り手がいないわけだが、最近は近親者がいても引き取らないケースがある。遺族の中には、遺骨を引き取っても入れる墓がない場合（新たにつくるには経済的な負担が大きい）もあるため、遺骨はないほうがよいのだ。そうした葬儀を「ゼロ葬」という言葉で紹介されている。

しかし世間では、遺骨をどこに埋葬するか、どこを墓にするかは迷うところだろう。なかでも人気なのは、自然の中である。「土に還る」という表現もあるが、日本人は死して自然の中に溶けこむというイメージに憧れがあるようだ。

そして自然葬という言葉も登場した。ただし、現在の「自然葬」には別の意味が付与されているので慎重に扱う必要がある。

樹木葬と自然葬の違い

初めて「自然葬」という言葉を聞いたとき、私はなんとなく樹木葬や散骨を指すものだと思いこんだ。どちらも森の中、あるいは山や海など自然の中にお骨を埋葬、あるいは撒くからである。自然に還る弔い方を自然葬というのだろう、と。

実際、自然葬の説明に両者を含めているものもあった。しかし、現在の自然葬とは散骨だけを指すものだ。そこで散骨についても触れておきたい。

散骨とは、基本的には遺骨（粉、あるいは灰になった状態）を自然の中に撒くわけだが、そうした葬送については古くから行われていたようだ。

古くは承和七年（八四〇年）に淳和上皇が「自らの遺骸は焼いて骨を砕いて山中に散ずべし」

という詔《みことのり》を出した例もある。もっとも、臣下であった藤原吉野が諫言した記録も残っており、同時代の人々皆が認めていたわけではなさそうだ。

近年でも、故人がヨットが好きだったから海へ、登山が好きだったから山へ、というように故人に寄り添う場所を求めるケースが多くあった。

しかし、こうした遺骨の処理の仕方は、墓埋法のほか刑法一九〇条の遺骨遺棄罪にあたるという解釈もあった。そのため散骨は法律違反と解釈されて、公式に行われることはなかった。

それに対して散骨を求める人が一九九一年二月に「葬送の自由をすすめる会」を結成。運動を開始した。その際、散骨とは呼ばずに自然葬という言葉をつくった。墓づくりに伴う自然破壊を問題として、自然を大切にする葬送という意味をこめて命名したそうだ（本書では同会以外の行為も含むため混乱しないよう、散骨と記す）。

そして同年一〇月五日に神奈川県の三浦半島沖で同会で初めての散骨を行った。お骨の主は、当時より三〇年近く前に自殺した看護師だった。その遺骨の一部を預かっていた人が、海が好きだった故人の気持ちを生かそうと行ったという。

そして散骨を実施したことを公表した。するとマスコミが、散骨と墓埋法との関わりを厚生省（当時）や法務省に問い合わせた。

厚生省は「（墓埋法は）土葬を問題にしていて遺灰を海や山に撒くといった自然葬は想定して

おらず対象外である。だからこの法律は自然葬を禁じる規定はない」。法務省は「この規定は、社会的習俗として宗教的感情などを保護するのが目的だから、葬送のための祭祀で節度を持って行われる限り問題はない」という見解を出した。積極的な許可ではないが、「節度を持って」行うのなら目をつぶるという意味だろう。これによって散骨は容認されるという理解が広まり、事実上の解禁となった。

散骨は具体的な墓に相当する場所はない。そのため実施後に拝むところがないのが辛いという声もあるが、それ以上に問題は、骨を撒かれる場所に関わる人の感じ方だろう。身の回りで、まったく知らない人の遺骨が撒かれると聞いて、気にしないで済ませられるとは限らない。心地悪い人も少なくないだろう。彼らの承認がないまま散骨はすべきでない。

散骨には、海洋や川、湖など水系に撒くものと山など陸上に撒くものがある。海の場合、基本的に公的な空間であるので問題にはならない。ただ海岸近くだと反対されやすいので、たいてい船で沖合まで出る。川も基本は同じだ。公的空間であり、流れて海に出るという前提で考えるからだ。

一方で陸上への散骨は、問題になることが多い。山に撒くといっても、すべての土地には所有者がいる。その了解を取らねばならないし、さらにその土地の近隣者や関係者（なんらかのステークホルダー）も反対しないことが求められる。国有林であっても林野庁の管轄だし、さらに水源地の場合は撒いた骨粉が地下水にしみこむことを想像する。そんなところに骨を撒いてほしくないという気持ちが周辺や下流地域の住民には強いからだ。骨の粉が風に舞う可能性を指摘する声もある。

葬儀会社などから散骨場を建設する計画が全国各地で出ているが、たいてい地元の反対を受ける。そして条例などで散骨を規制する条項がつくられたところも少なくない。北海道では、NPO団体が勝手に森林に散骨を行い、地域住民の反発を買った。それをきっかけに散骨を規制する条例を設けるまでになった。同じような条例は、ほかにも静岡県の御殿場市や熱海市、長野県諏訪市などに設けられた。

時には住宅地で撒く例もあるらしい。おもに自宅の庭である。しかし、いくらその土地の所有者（たいてい遺族）が了承しても、近隣の了解を得ていないと厳密には違反だろう。アメリカでは、故人の住宅敷地に撒いた後に、その土地が売却されて新たな購入者がそのことを知り、裁判ざたになっている。

もちろん、わずかな骨の粉を撒いてなんらかの物理的な影響が出るとは考えられないが、やはり気持ちの問題である。死者の一部である骨は関係者にとっては尊いが、部外者は穢《けが》れの感情を持つ。

なかには、あらかじめ散骨場として許可を取った森林などで行うものがある。興味深いのは島根県隠岐諸島の海士町沖合のカズラ島で行っているものだ。この島は無人島で、大山隠岐国立公園の「第一種特別地域」に指定されていて、一切の建築物は認められていない。ここで行う散骨は、海士町にある株式会社カズラが島を買い取り、地元と協定を結んで行っているものだ。

会社形態を取っているが、行政とも連携しており島民には好意的に受け取られてトラブルはない。むしろ島では漁業がさかんなため海洋散骨に否定的だったそうだが、撒くのが地上であることで納得してもらえたそうである。

一人が使用できる区画は一メートル×二メートルと指定されている。散骨ではあるが、イメージ的には墓への埋葬である。また散骨だけでなく墓参のための立入期間も決めていて、誰でもいつでも散骨や墓参りのために上陸できるわけではない。普段は対岸の島が見えるところから手を合わせるそうである。

なお散骨には、空中葬もある。ヘリコプターや小型飛行機、あるいはバルーンを利用して空高くから骨粉を撒くのだそうだ。こちらも人の住む陸上では撒きにくいだろう。結果的に海の上空になる。

一方、同じ自然に還ることをうたう樹木葬は、墓地の認可を受けたところで行うものだ。法的には通常の墓地と同じ扱いなのである。そして遺骨を地中に埋葬する。墓標が石塔か樹木かという違いだけとなる。

ただ樹木葬の中でも、遺骨を埋葬するのではなく森の「地面に置く」という形で行うところもある。細かく砕いた遺骨をそのまま、あるいは木製など分解性の骨壺に入れて森に置けば、いつしか土に還るだろう。これは、法的には散骨にあたるので墓地の認可を受けていない土地でも行えると考えられている。それでも近隣住民の了承を得ておくべきなのは変わりない。

樹木葬と散骨は、基本的には別のものだ。しかし、両者が交わる方法も存在することは頭の隅に置いておきたい。

第2章　日本初の樹木葬墓地はいま

知勝院の自然再生戦略

日本の樹木葬を知りたいのなら、日本で最初の樹木葬を始めた岩手県一関市の知勝院に行かねばならない。

初めて知勝院を訪問できたのは、夏の盛りだった。一関駅まで千坂嵃峰《げんぽう》氏（現在は前住職）が迎えに来てくださった。挨拶もそこそこに車に乗りこむと、駅前の市街から離れて郊外へ向かった。私はてっきり、知勝院もしくは本山の祥雲寺（樹木葬墓地の経営は、祥雲寺の別院にあたる知勝院が担っている）をめざしているのだと思った。まずは、そこで話を聞いてから……。

だが最初にたどりついたのは、郊外の里山だった。久保川が流れており結構な渓谷になっている。車を下りて草むした川沿いに足を踏み入れると、森の中に高床式のツリーハウスのような小屋がある。研修施設だそうだ。ちょっと朽ちかけていて手づくりの階段を上るのは怖かったが。

さらに上流へと進むと、クラムボン広場と名付けられた場所にたどりついた。ここからリバートレッキングが行えるそうだ。クラムボンとは、宮沢賢治の短編童話「やまなし」から拝借した名だ。正体不明の存在なのだが……。

そして「霜後の滝」に出た。滝というほどの落差は見えなかったが、その周辺に比較的明るい森がある。これは自然体験研修林である。以前は鬱蒼とした荒れた森だったが、間伐を行い整備を進めた結果、今ではちょっとしたリバーサイド公園だ。

ここは、樹木葬墓地ではなさそうだ……。遅まきながら私は気づいた。あくまで、知勝院が取り組んでいる自然再生事業の地域を案内してくださったのである。

そして雑木林の中にあるログハウス「悠兮庵《ゆうけいあん》」に案内される。宿泊できる施設である。樹木葬の契約者も泊まれるという。ところが、外側の柱にはクマの爪痕が残っていた。どうやら二階のベランダまでよじ登ったらしい。そのとき、庵の利用者はいなかったのが幸いだった。自然が豊かと見るか、人里までクマが出てくる事態を恐れるべきか……。ちなみに、現在は庵の周りには電気柵が張りめぐらされている。

「元は、全部荒れた里山でした」と千坂氏は言う。それを整備して、豊かな自然を取り戻す活動をしているのだ。周辺ではホタルも飛ぶし、炭焼きや稲作体験もできる空間づくりが行われている。

知勝院第一墓地

知勝院第一墓地ビオトープ

さらに案内された田園地帯では、田畑の中に溜池が点在していたが、その一つを見学する。罠が仕掛けてあった。これはウシガエルをつかまえるものだという。ウシガエルはアメリカから食用目的で持ちこまれた外来種である。今や野生化して、その巨大な姿と鳴き声が全国に広がっている。その巨大な身体を維持するため、なんでも捕食する。昆虫やザリガニなど甲殻類、魚類のほか、小型の哺乳類や鳥類、爬虫類まで食べる。そのため日本在来の生態系を破壊する要因として外来生物法の種指定を受けている。

ウシガエルがいると、ドジョウなど在来の水生動物がごっそりと減るのだ、と千坂氏は言う。だからウシガエルを捕獲することも、里山再生の一環なのだ。

ほかにも、ブラックバス（オオクチバス）やアメリカザリガニ、ハルジョオン、オオハンゴウソウ、アレチウリ、セイタカアワダチソウ……など外来生物の駆除を進めている。セイタカアワダチソウは、毎年知勝院の職員総出で刈り取りを行っている。最初の頃は、数トンにもなったという。おかげで、現在はかなり減った。

もっとも私が感心したのは、駆除方法より千坂氏の熱心さであった。私は樹木葬の取材に訪れたのだが、この案内中に樹木葬という言葉は一言も出ず、いかに外来種を駆除するか、駆除しないとこの地の本来の自然を取り戻せないか、を熱心に説明してくれるのだ。期せずして千坂氏の里山再生活動を視察することになったのである。

その後も、いろいろな現場や施設に案内いただいたが、いずれも話は里山の再生の話ばかり。なかなか樹木葬墓地にたどりつかない。

ようやく知勝院に着いてからも、まず招き入れられたのは久保川イーハトーブ自然再生研究所と名付けられた施設である。イーハトーブも宮沢賢治が作品中に使った理想郷の名だ。岩手の自然をモチーフにしていると思われる。岩手県、とりわけ一関市は宮沢賢治に縁の深い土地だった。

研究所は小ぶりながら立派な建物で、収蔵庫には地域の自然の展示や資料がどっさり所蔵されていた。昆虫標本の数は、まるで博物館なみである。蝶や甲虫などの標本が、ズラリと収納され

知勝院研修センター

ている。しかも、これらを管理するために専任の研究員もいた。

専門の研究所と研究員まで持っている墓地。私の樹木葬取材は、初っぱなからイメージが狂ってしまった。だが、こうした活動を財政的に支えているのは、文字通り樹木葬なのだ。里山再生の活動に必要なのは、何より人手である。しかし国や県の補助事業などでは、人件費は出せない。だからNPOなどで行うと持続するのが厳しい。それを樹木葬で支えている。そして樹木を墓標にすることから、埋葬が自然をつくる作業になる。

墓地経営と自然保全活動。一見関係のないこの二つの事業こそが、樹木葬の誕生に大きな役割を果たしている。

ようやく樹木葬墓地に行き着いた。入口に「樹木葬墓地」と書かれた木柱が両側に立つ。その柱の上に小さな屋根が取り付けられている光景がなんだか寺らしかったが、全体に宗教らしさはなかった。

その一帯は、マツなどの高木が残されているものの、その合間に低木が茂っている。歩道がかなり細かく入っており、その両側が埋葬地になっていた。低木は、すでに埋葬された人々の墓標なのだ。小さな木の標識があり、誰が眠っているか記されてあるが、木だから長くは保たれずやがて朽ちるだろう。また生前契約はしたものの、まだ埋葬されていないところには杭が立っていて、そこに番号と契約者の名前が書きこまれていた。

埋葬場所は、台帳に指標となる複数の木からの距離などを記入しているほか、ＧＰＳで管理されている。

もとは放棄された雑木林でブッシュに覆われた状態の山だったという。そこを刈り払い間伐を施した森を墓地にしたのである。墓地ばかりでなく池も造成されていた。水辺はビオトープの基本だからだ。水生植物や水生昆虫の棲家となり、ここを起点として多くの生き物が育まれる。

ところで最初に訪れた所は、第一墓地と呼ばれている。その隣に現在は第三墓地が造成中だった。重機が目に入ったが、まず池づくりから行っているそうだ。そしてブッシュを切り開いていた。一部はボランティアも参加するそうだが、寺の職員が中心となって行っている。全体で二・七ヘクタールになる。

まだ整備されていないところを見ると、元の姿がだいたい想像できる。おもにスギの造林地だったようだが、ほとんど間伐せず植えたままだったようでスギが細いまま密生しているし、蔓植物が巻きついている。林床にはササが多かった。ほかにマツも目立つが、これは植林されたのだろうか。ただ奥のほうには広葉樹の自然林も残されており、太い幹に大きなウロの開いた古木もあった。

第二墓地は、車で五分くらいの少し離れたところにあった。こちらは元牧場だったそうで、谷間から尾根まで急峻な道を車で登っていく。密林化しているところもあったが、放牧地だったところは伐り払われた跡にササが茂っていた。第二墓地の面積は、約一ヘクタールだという。最上部まで登ると、眼下に岩手の山々とその向こうに田園地帯が広がっていた。たどりつくまで大変だが、この風景を求める人もいるだろう。

こちらはササ刈りなどを施したものの、埋葬時に木を植える方式では、森が再生するまで時間がかかりすぎるので、先に低木と高木を植えているそうだ。契約者は、その中でどの木を自分の墓標にするか選ぶという。まだ数は少ないが、景色のよいところに植えられた木には墓標となる杭が立っていた。

千坂氏が久保川流域に所有している土地は、樹木葬墓地だけではなく自然再生のために取得した森も多く、全体では三〇ヘクタール以上になるという。逆に言えば樹木葬墓地は、その中の一部にすぎないことになる。

これらの地域を含む「萩荘《はぎしょう》・厳美《げんび》の農村部」は、二〇〇九年に公益財団法人森林文化協会の選定による「にほんの里一〇〇選」の一つに選ばれた。この地域の景観が、日本的な里山景観の一つとして認められたわけである。

これで全部見終えたと思ったが、そうではなかった。次は花巻市大迫《おおはさま》である。さらに新しい樹木葬墓地を開設しているのだ。

知勝院花巻奥山墓地

翌日、一関市より車で向かう。ちょうど知勝院を訪れていた契約者の姉妹も同行することになった。

姉妹に聞けば、現在住んでいるのは首都圏なのだが、それぞれの配偶者の埋葬地に一関市の樹木葬墓地を選んだほか、自らも生前契約をしたそうだ。そして、しょっちゅう通っている。墓参りと自分の契約地を見るだけでなく、岩手の自然に惚れこんだのだそうだ。一時期、一関市に住居を借りて住んでいたこともあるという。

岩手の森と田園の風景は、樹木葬の場としてだけでなく、人々を引き寄せる魅力があるのだろう。

さて花巻の樹木葬墓地は二か所に分か

れてつくられている。その一つの大迫第一墓地は、奥山型である。奥山型樹木葬とは、山奥の放棄された人工林を樹木葬によって整備していくものだ。こちらの開設は二〇〇五年で、樹木葬墓地としては、こちらが二番目にあたる。もともとスギの人工林で覆われた急峻な斜面につくられた。おそらく戦後の植林だろうが、人工林と言っても長く放置されていたので、荒れ果てた状態だった。この山をよみがえらせる手段として樹木葬を選んだのである。

こちらの特徴は、ほかの墓地と違って自由に墓参できないことだ。これは林道の使用に制限があるためで、地域の住民との取り決めによって、年に二度の法要に合わせて開放する。通常は麓につくられた遥拝所で山に手を合わせる形を取る。また埋葬も、決められた日に行われる。遺骨をすぐに埋葬するのではない。

私は特別に入れてもらい軽トラックに同乗して上まで登ったが、ものすごい急斜面で、鬱蒼とした谷のスギ林を抜けて尾根に上がると、初めて視界が広がった。尾根部分は少し平坦だ。ここに歩道を細かく入れていて、その両側が埋葬地になっていた。スギを大胆に伐採して明るくした跡地に低木が植えられている。すでに契約者は多くいた。たしかに周辺の鬱蒼としたスギ林より美しくなっている気がした。

もう一つは大迫第二墓地と呼ばれている。こちらは二〇一三年に開かれたばかりだ。一関市の樹木葬墓地と基本的に同じ里山型の形式だ。麓は比較的なだらかだが、奥は結構な斜面で標高が高いところまで広がっている。簡易な道路は入れられているが、もし自分の足で登るとすればかなりの「登山」となるだろう。最上部からは、早池峰山《はやちねさん》と谷に広がる集落が見渡せた。こちらにお参りに入れる日も、事前に決められた日に限られている。だいたい年に四回ぐらいだそうである。

それぞれの墓地は、形態や景観が違うだけでなく、埋葬の値段や年会費などにも違いがある。埋葬される本人の希望のほか、遺族がいつも墓参りするつもりか、あるいは遠方などの理由でめったに訪れられないかなど、さまざまな事情によって、どの墓地を選ぶか決められるのだろう。とくに奥山型は、「ひっそりと眠る」ことを希望する人向きだ。

なお花巻には、地元の農家を取得して桂宮庵という寺務所が設けられている。元は養蚕でもやっていたのだろうか、非常に広い広間がある。ここは礼拝所であると同時に合宿や集会にも用いられるという。

「問い合わせは多いですね。首都圏を中心に全国から生前契約の申込みがあります。また花巻には、盛岡市の住民が求めると見込めます」

何と言っても、知勝院は日本で樹木葬を最初に始めたところとして名が通っている。それだけに知名度とともに人気も高いのだ。

では、なぜ千坂氏が樹木葬を始めたのか、その歩みを振り返っておこう。

樹木葬が立ち上がるまで

千坂氏が樹木葬を思いつき、実行に移すまでの経緯を紹介したい。

千坂氏は昭和二〇年生まれだが、その翌年に父が一関市の祥雲寺に赴任した。祥雲寺は臨済宗の寺で、江戸時代は三万石の一関藩藩主の田村家の菩提寺だった。そのため格式は高く、広大な境内と収蔵する文化財の維持など経費がかさんだ。しかし戦後は檀家が少なくなり寺院経営としては厳しかったそうだ。

千坂氏は東北大学文学部に進学し、さらに大学院にも進んだ。鎌倉時代の禅宗寺院で栄えた漢文学である五山文学を研究していた。ところが在学中に、父は寺の裏山を売却した。祥雲寺の立地は、JR一関駅の近くだから住宅開発が進んだのである。裏山の自然を愛していた千坂氏にとっては、残念な出来事だった。

卒業後は仙台市の高校や短大の講師として勤めるようになった。結婚して、仙台市内に家も建てた。しかし父が脳梗塞で倒れて住職を代行することになり、仙台から通うのは無理になって一関に戻る。やがて父の死とともに住職に就任した。

その頃から墓地や境内の整備に取り組んだ。また会計の公開など寺院経営の近代化を進める。

一九九〇年に永代供養墓を造成、またペット霊園も開設した。一般市民が宗派の違いを超えて寺とつながる仕組みとして考えたという。檀家の少ない寺院の経営に墓地の開設を利用する考えは、この頃から芽生えていたのだ。

一方で、地元で見つかった奥州藤原氏の遺跡保存運動から「北上川流域の歴史と文化を考える会」を発足させる。これが徐々に地域づくり運動に関わるきっかけとなった。

その頃、東京の「葬送の自由を考える会」が散骨を実施した。これに対して仏教界が全然反応しないことに、千坂氏は驚いたそうである。旧来の檀家と葬式や墓地の制度を否定した散骨の動きに彼らが何の危機感も持たなかったからだ。

そのとき、散骨への対案として樹木葬のアイデアが閃いたという。石塔ではなく樹木を墓標とする墓地なら、宗派や檀家の障壁を乗り越えられる。そして墓をつくりながら自然を守れる。

そこで徐々に準備を進めた。まず祥雲寺郊外の荒地を購入した。これは仙台市に残した個人資産を担保に銀行融資を受けて行った。といっても、この土地を墓地にしようと考えたわけではない。里山を整備しながら楽しむための実践の場としたのだ。これが現在「悠兮庵《ゆうけいあん》」のある場所である。

この場所で、檀家の若い人々と一緒に間伐や草刈りを行った。暗い藪《やぶ》だったところが明るくなると、ニッコウキスゲやセンブリの群落が登場し、美しい風景がよみがえった。荒れた自然も、人が少し手を加えるとどんどん美しく変わることを身をもって体験したのだ。里山の自然を取り戻す活動の原点は、ここにある。

一九九五年に川をテーマに運動をしている会が連携する組織として「北上川流域連携交流会」が発足。その活動を通して、樹木葬墓地の実現に動き出した。

まずは土地を用意しないといけない。さらに墓地を開設するには、地目を墓地に変更しなければならないが、そのためには周辺住民の了解を得ることが条件になる。

しかし、これが難渋する。最初に農協から斡旋を受けた土地では、地元住民に説明会を開いて樹木葬墓地の理念と自然再生活動を説明したところ、大半の住民は賛成したものの、数人の反対によって挫折する。

その後の土地探しは混迷するが、最終的には最初の土地の隣接地を選んだ。そこは景観こそ少し劣ったが反対住民の所有地が隣接していないのである。その山も、ひどく荒れた状態だった。それを整備し続けながら墓地の開設準備を進めた。

その合間に一関市、そして岩手県に墓地に地目を変える許可を求めた。墓石を立てないということで担当課が戸惑ったものの時間をかけて説得し、認可が下りたのは一九九九年八月だった。

そして一一月に開設する運びとなった。

その一か月前、東北の地元紙である河北新報が社会面で大きく樹木葬を始めることを紹介してくれた。すると多くの反響が寄せられたのである。葬送文化の研究家からも好意的な意見が届いた。

樹木葬の論旨を記した約款もつくった。墓地の契約をしても祥雲寺の檀家にならなくてもよいし、宗教・宗派は問わないことを記した。そのほか細かな規則を明示したそのうえで都会人に関心を持つ人が多いと知って、首都圏にも広報することになった。

二〇〇〇年四月に現地で説明会を開催する。その後は首都圏でも説明会を開催するようになった。これが新聞やテレビ、雑誌などに取り上げられて、全国に「樹木葬」という形式の墓地ができたことが知られるようになった。

こうして手入れを始めた際に知り合ったのが、現在久保川イーハトーブ自然再生研究所の研究員の千葉喜彦氏である。北上川流域連携交流会の河川環境委員長だったのである。そしてウシガエルなど外来種の侵入が、地域の自然にもたらす悪影響を知る。そこで久保川の源流部を歩いて植生などの現状を調査した。河畔林を購入してクラムボン広場などやリバートレッキングコースの整備などに乗り出すきっかけとなった。

さて幾度も繰り返しているとおり、樹木葬を始めた目的は、本来の里山の自然の再生だ。だが、理論的な支柱と指導がほしいと考えた千坂氏は、東京大学大学院農学生命科学研究科の鷲谷いずみ教授を招いた。保全生態学の世界では高名な研究者であり、なかでもサクラソウの研究で知られている。非常に忙しいため、いくら講演に招いても簡単には足を運んでくださらないのだが、「久保川流域にはサクラソウの自生地がある」と写真も添えて呼びかけたところ了承していただけたのだという。

二〇〇六年に訪れた鷲谷教授は、たった二時間しか滞在できなかったが、樹木葬によってよみがえらせようとしている久保川流域の自然が、希少な存在であることを見抜いた。そして知勝院が取り組む自然再生が見せかけではないと気づく。そこで翌年から研究室の学生を派遣して調査する約束をした。

それをきっかけに知勝院側でも久保川イーハトーブ自然再生研究所を立ち上げた。さらに鷲谷教授の提案で、自然再生推進法に基づく自然再生協議会も設立することになった。この法律は、二〇〇二年に制定されたばかりである。自然再生事業を行うための連携や科学的調査、環境学習の場の提供などが定められているが、全国に少しずつ協議会が生まれている。ただほとんど行政によるもので、民間から生まれたのは久保川だけではないかと思われる。

二〇〇九年に東京大学とも組んで「久保川イーハトーブ自然再生協議会」が発足した。折しも翌年の二〇一〇年は国連が定めた国際生物多様性年であり、生物多様性条約会議が名古屋で開かれた。そして環境省によって「ＳＡＴＯＹＡＭＡイニシアティブ」が提唱されている。久保川の里山再生事業は、それに適合しているとされたのだ。

日本ユネスコの第一回プロジェクト未来遺産登録地にもなった。これは一〇〇年後の子孫に残そうという市民運動を「プロジェクト未来遺産」と名付けたものだ。文化遺産と自然遺産があるが、知勝院の久保川流域で展開する事業が自然遺産として選ばれたのだ。世間的にも認知が進んだ証拠だろう。

なお当時は「祥雲寺の樹木葬」として知られていた。もっとも、最初から樹木葬は別院の知勝院の名で行っていたそうである。そこで二〇〇六年に知勝院も別の宗教法人格を取得した。そのため現在は、樹木葬を管轄するのは知勝院だとはっきり打ち出している。その寺則には「地域の生態系を保全する」という項目がある。

また二〇一二年に住職を交代した。祥雲寺は千坂芳覚住職（長男）、知勝院は千坂英俊住職（次男）となった。千坂嵃峰氏は、現在は久保川イーハトーブ自然再生研究所の活動に専念している。

知勝院の樹木葬墓地の運営方針を簡単に記しておく。

まずコンセプトは「花に生まれ変わる仏たち」。約款によると、「美しい里山を後世に残す」という主旨のもと、墓地として許可された里山に遺骨を埋蔵することを知勝院の樹木葬と規定している。

そして宗教・宗派を問わず、墓地の使用を認める。また正式に戸籍を入れていない事実婚などの場合も一緒に埋葬できる。

埋葬地（墓所）は、一定の面積（半径一メートル以内）を使用する権利を認めている。継承者が続けて使用することができるほか、継承者がいない場合もそのまま永続的に改葬されずに土地は保護される。ただし埋葬地には人工物を一切設置できない。とくにカロート（納骨室）は設置せず、遺骨は穴を掘って直接埋蔵する。

埋蔵場所の確認は、基準木、基準点から距離を測るとともに、埋葬地の上に花木を植えることによって示す。

線香などの火気の使用もできない。また供物は供養後すみやかに片づける。墓参は通年可能だが、冬は雪に埋もれるため、事前に連絡しておくと除雪を行ってくれる。

墓石の代わりとなる花木は、ヤマツツジ、エゾアジサイ、バイカツツジ、ウメモドキ、ナツハゼ、ガマズミなど墓地の環境に合った低木類から選べる。ただ樹種によっては場所が限定される。

なお「里山の親」制度も設けていて、樹木葬墓地と周辺の里山に在来の木々を植える活動が行われている。こちらは墓地の契約をしていなくても参加できる。

また契約の金額などは地区ごとに違っている。一関の墓地はいずれも一区画五〇万円、花巻の第一墓地は二〇万円、第二墓地は三五万円などだ。植える木の種類も、地場の植生を重視して選択するように求めている。

現地説明会は、ほぼ毎月（冬期はなし）、東京相談会も、ほぼ毎月開催する。また個別の見学などは事前連絡で毎日対応しているという。ただし花巻は事前申込み制だ。

日本初の樹木葬であり知名度も高く、申込みは非常に多い。墓地のキャパシティは、すべてを合わせると数万人分あるという。これは霊園経営の面から見ても大成功と言えるだろう。

なお契約者の六割以上が首都圏からだ。墓参りのことを考えると異例だろうが、自然に還るという発想であり、埋葬後は区切りを付けて訪れない人も少なくないらしい。樹木葬の理念に賛同する人は都市部に多いという点からすると、距離は関係ないのかもしれない。

ただ契約者が樹木葬に目を向けた理由には、自然が好きとか自然に還りたいというだけではなさそうである。その点に関しては次頁から詳しく触れたいが、現在の宗教の実態や、檀家制度、家族制度や墓の継承などからこぼれ落ちた人々の心をつかんだのではなかろうか。樹木葬が単に石塔の代わりに樹木を植える形式だけではないからである。

殺到した視察と意外な反響

千坂嵃峰氏は、樹木葬という言葉を商標登録しなかった。商標登録すれば、他者が使いにくくなくなる。それは普及の足かせになる……と考えたのだ。しかしこれは後に多少の後悔を生むことになった。

先述したとおり、知勝院の始めた樹木葬は、多くのマスコミに取り上げられた。それは石塔ではなく樹木を植えるという方法の「新しさ」や、里山保全運動と結びつけた点もあるが、よくよく当時の記事を読んでみると、注目されたのは別の面もあった。

それはまず「宗派を問わず」であり、「一人一墓」とした点である。

これまで一般に寺の墓に入ると言えば、檀家になることが基本だった。その宗派を信心することになり、また寺の要請に応えて法要に参加したり寄付を求められたりすることもある。それをわずらわしく思う人も少なくなかった。それが自治体のつくる公共霊園や民営霊園を選ぶ理由になることもあった。しかし、樹木葬では宗派を問わない。さらに宗教も問わず、キリスト教など仏教以外の信者も受け入れるとした。

加えて基本は一人で一つの個人墓であり、家の墓ではなかった。必ずしも夫婦や家族で入らねばならないわけではない。夫婦仲が悪い、舅姑と同じ墓に入りたくない、籍を入れていない事実婚のまま……など隠れた要望のある人にとって、樹木葬はある種の光明になったのである。

さらに世間を惹きつけた要素として「価格が安い」「墓の管理が不要」「継承しない」なども少なくない比重があると思われる。石塔を立てれば何百万円もかかる。しかも草刈りなど墓守が必要となる。世代を超えた継承も課題となる。知勝院の樹木葬はそれと比較して安いうえに、樹木の管理は寺がしてくれる。最終的に生長した木は森となる。そうなれば、ほとんど人の手を加える必要はなくなる。継承の心配がなくなるのだ。

それらの要因が、大きな反響を巻き起こしたのだろう。

予想外の反応の中には、ノンフィクション作家の井上治代氏（現・NPO法人エンディングセンター理事長）から、当初設けていた樹木葬契約者の労力奉仕の義務を外せないかという要請があった。岩手まで里山管理活動に参加しなければならないとなったら、遠方の人は契約しにくいからだ。さらに葬送ジャーナリストの碑文谷《ひもんや》 創《はじめ》氏からは「趣旨に賛同する人すべてに開かれていることを明文化する」ように提案があった。墓地提供者と墓地使用者の関係が対等であると約款を取り交わすべきだということだった。これらはすぐに取り入れられる。

彼ら葬送関係の著名人が反応したのも、やはり墓標を樹木にしたことだけでなく、檀家制度へのアンチテーゼを含んでいたことが大きかったようだ。

それは全国から多くの現地見学者を招くことになった。既成のお墓のあり方に疑問があり、樹木葬の生前契約を考えた人も多かっただろう。しかし訪れた人すべてが、自らが埋葬される場としての樹木葬に関心を持っていたわけではなかった。

むしろ目立ったのは、樹木葬墓地という形態に興味を持ち、自分でも開設したい、樹木葬という葬送を実施したいと考える人々だった。

彼らは、一つには寺院など宗教関係者である。自らの宗教法人の経営に思いを巡らす中、墓地経営が頭に浮かんだのだろう。あるいは現在の檀家制度や無味乾燥な葬儀や墓地のあり方に疑問を持っていたという僧もいる。そこに樹木葬という新しい形態を知って目を向けたと思われる。

一方で民間の霊園開発業者にとっても、樹木葬という形態は気になる存在だったようである。経営面から、新しい埋葬法は興味のあるところだったからだろう。

二一世紀を迎える頃から、霊園経営が難しくなってきた。彼らの多くは石材業者であり、霊園経営も墓石を販売することとつながっている。しかし、肝心の墓石が売れないのだ。高齢化社会に入って、物故者は増えているのに墓が売れない。それは先にも触れたが、世の中の価値観が変わってきたからだ。石塔が並ぶ霊園に魅力を感じなくなり、また墓地にお金をかけることに意義を見出さなくなった。現実問題として金銭的余裕が少なくなったことも影響しているだろう。

そこで樹木葬という名の墓地販売に活路を見出そうとしたのだ。

千坂氏は知勝院の樹木葬墓地を視察に来た人を案内して、その意義やめざすところを説明した。そこでは自然再生の話が大半を占める。

だが、その点に興味を示して理解した視察者ばかりではなかった。とくに霊園業者は、ほとんど自然再生事業には興味を示さなかったようだ。やはり樹木葬という新しい言葉と墓の形態ばかりに注目することが多かった。

実際に墓地の経営に携わっている、あるいは今後考えている人がどれほど訪れたかはわからない。正式に視察を申し込まずに、一般の見学者に紛れて訪れる宗教関係者や霊園業者も数多くいたようだ。彼らの目的が何だったのか正確に把握できないが、樹木葬墓地の可能性を探っていたのは間違いないだろう。

知勝院の開園以降、全国に樹木葬墓地が誕生することになった。

そこでうたわれる「樹木葬」とは、千坂氏の思い描いた「埋葬と自然再生をリンク」させたものばかりではなかった。むしろ「遺骨を埋葬した土地の上、もしくは周辺に墓石ではなく樹木を植える」という形式だけに単純化されていく。また宗派を問わない、一人一墓などを基本とする条件が、多くのところでそのまま使われている。

用地は、里山奥山といった自然界でなく、既成の霊園用地が大半である。知勝院が原点とした自然再生の意図は薄められていく。

結果として樹木葬は「知勝院の始めた自然再生を取り入れた墓の形式」ではなく、「埋葬場所に樹木がある墓の形式」になった。そして、その内容は勝手に解釈されて、個々人が定義付けてしまった。

じつは、私が樹木葬に興味を持った際、インターネットで検索してみると、全国に五〇か所近くの「樹木葬を行える墓地」が確認できた。さらに細かく検索したり新聞や雑誌に掲載された樹木葬に関する記事や広告などをチェックすると、数はどんどん増えていく。樹木葬に類した名前で埋葬を行っている墓地は全国に一〇〇近くあると思われる。ある種、ブームになってきたと言えるだろう。

とくに樹木葬の影響を受けて始められたのが、「桜葬」である。これはサクラの木の周辺に埋葬するものだ。埋葬した上に植樹するのではないが、墓標とする樹木をサクラの木に限定したわけだ。日本人がサクラの花が好きなことを狙ったものだが、一種の樹木だけでは里山の再生につながらない。

「樹木葬」と掲げられた墓地でも、よく調べると違和感を抱くものが少なくない。そこに示される内容や画像の多くが、私の想定していた樹木葬墓地ではなかったからだ。写真に写っているのは、林地などではなく、舗装された敷地なのである。それどころか木が写っていないものもあったのだ。

千坂氏は最初の頃、訪れた業者に「里山の樹木を大事にする人がいたら、樹木葬墓地という名前を使ってもよいことにしています」と話したという。だから商標登録も取らなかった。樹木葬を普及させたいという思いがあったのだ。

しかし、それが知勝院の意図とはかけ離れた樹木葬を増やしたのは間違いないだろう。

樹木葬墓地のホームページなどでうたわれる理念も、残念ながら「里山再生」や「自然環境の保全」に触れているところはきわめて少ない。あくまで樹木葬は埋葬の形式だとしている。「里山の環境を大事にする」ことに触れずに「継承がいらない」「宗教宗派を選ばない」「安い」などが前面に出されている。樹木葬をうたいながら立派な墓石を備えた墓地もあるのだから、もはや何をもって樹木葬を名乗っているのかわからなくなる。

すでに樹木葬は普通名詞になったと言ってよい。だから各々が頭に描く樹木葬を、勝手に語るようになったのである。

しかし、樹木葬の定義が拡散したままでよいのだろうか。

もちろん、そうした墓地を選んだ人に文句をつけるわけではない。生前契約を結んだ本人、あるいは遺族が満足しているのなら問題はない。それは石塔のある従来の墓でも同じだ。メモリアルとして故人が存在したことを永代にわたって子孫に伝えたいと考える人にとっては、やはり石墓でなければ永続性の点で無理だろう。

小平霊園の樹林墓地を訪ねる

知勝院の樹木葬に触発されてつくられた新たな樹木葬墓地の中で、もっとも有名なのは東京都立の小平霊園だろう。

今や樹木葬を紹介する記事や番組など多くのところでイの一番に紹介されるのが小平霊園（正確には東京都小平霊園樹林墓地）である。写真・映像もしょっちゅう登場する。私の周辺でも樹木葬の話題を出したところ、最初にイメージされるのがここの樹林墓地であることが多い。

写真には、少し盛り上げられた芝生の敷地に木が幾本か植えられている埋葬地が写っている。その芝生の下に遺骨を納める共同施設が二七基設けられているらしい。予定では約一万七〇〇柱が納められるようになっているというが、大人気のため満杯になるまでさほど年月はかからなさそうだ。

小平霊園は、一九四八年に開園された総面積六五万三〇〇〇平方メートルという広大な敷地を持つ墓地である。東京ではよく知られていたが、全国的に有名になったのは、やはり二〇一二年に「樹林墓地」区画を設置してからではないかと思われる。

開設の四年前に東京都公園審議会に「都立霊園における新たな墓所の供給と管理について」として答申されているが、構想はさらに前から進められた。そして樹林墓地の設置の際にも、参考にされたのは知勝院の樹木葬墓地である。

ただし知勝院を訪れた結果、里山に埋葬する形は、東京都の現状からして無理と判断したようだ。考えられていたのは、樹木の下に共同埋蔵施設をつくり、多くの遺骨を一緒に埋葬することだったからである。

一方、千坂氏も、それでは樹木葬の意図する自然再生とはかけ離れていることに気づいた。そこでそうした墓地をつくるなら、いくら樹木を植えるにしても「樹木葬」という言葉は使わないでくれ、と申し入れたそうである。

結果として名称は「樹林墓地」になったのだ。

そこで、いかなる墓地なのか訪れてみた。

霊園入口を入り、管理棟から近いところに「樹林墓地」は設けられていた。もっとも看板には「樹林・樹木墓地」となっている。

私の最初に目にした感想は、意外なほど狭いということだ。広大な小平霊園の中では、敷地は八三四平方メートルとわずかである。大きく二区画に分かれていて、奥は「樹林墓地」、その手前に新たに「樹木墓地」がつくられていた。前者は多くの遺骨を納骨施設に一緒に埋葬するが、後者は遺骨を個別に埋葬するのだという。といっても、両者の景観はほとんど変わらない。「樹林」と「樹木」の違いは、単に樹木の本数だけだ。前者は八本、後者は三本なのである。樹種は、コブシ、ヤマボウシ、ナツツバキ、ネムノキ、イロハモミジ……となっている。

この形式そのものは多くのマスコミに紹介されているとおりで、改めて新しい発見はない。樹林というには樹木の数が少なすぎるが……。ちょうど芝生に水が自動散布されていたが、芝生の状態を維持するには、やはり芝刈りも必要だろう。雑草はどうやって駆除するのだろうか、と見学しながら考えてしまった。

ただ私は、樹林墓地よりも小平霊園全体に目を奪われた。なぜならば、樹林墓地でなく霊園の一般区画のほうが緑に包まれていたからである。

墓の種類はいろいろあった。墓地の区画の間にも多くの樹木が植えられていて、ケヤキ並木のほか周辺には樹林帯も設けられている。さらに北口の近くには雑木林を残した一画もある。

樹林墓地より、そのほかの墓地のほうが緑に包まれている……。これが私の最初の感想だ。

墓地そのものは「一般墓地」と区分されているところが大半を占めるものの、どこも一区画が広かった。そのため区画内には石塔だけでなく樹木が植えられているところが大半だった。なかには木が茂りすぎて石塔・石板が見えなくなった区画もある。もしかして、最初から木に墓石を取り囲ませようとしたのではないかと思わせる所もあった。よほどそちらのほうが「死して森になる」感じがする。樹林墓地より樹木の数は圧倒的に多く緑が濃いのだから。

一方で「芝生墓地」と名付けられた一帯もある。ここは区画の狭い西洋風の石板による墓だ。通路が広く芝生になっているが、墓と墓の間は低木に覆われていた。さらに「小型芝生墓地」と名付けられた一帯もあり、そこではツツジが咲き誇っていた。墓標が花に包まれているかのようである。

小平霊園樹林・樹木墓地

霊園周縁部にある「壁型墓地」は、壁のように石板の墓標が並んでいるが、そこも周りは緑だった。スペースを有効活用する、と説明されているが、樹林帯には十分な面積を取っている。さらに「合葬式墓地」もあり、こちらは古墳を思わせる墳丘がある。その周辺には埋葬された人々の名前が刻まれた石版が並んでいた。

天気のよい休日だったためか、多くの訪問客が訪れていた。なかにはイヌの散歩をする人もいたし、近隣の住民の憩いのスペースになっているようだ。私も、公園木陰のベンチで一休みしていると、公園でくつろいでいるのと変わらない気分になった。地平線まで続くような石塔が並ぶ巨大墓地とまったく違う「公園墓地」なのである。それは「樹木葬」を名乗っている多くの墓地より心地よく、より緑に包まれていた。

墓参りにやってきた人々の多くは、墓石の周辺に生えた草を刈り取り、木の枝の剪定などを施していた。そうした行為が墓参りの大きな目的であり、また癒しにつながっているのかもしれない。

ただ、彼らの動きを見ていると、なかなかの重労働のようだ。なかには久しく墓掃除が行われず、草ぼうぼう、木々が暴れ枝を伸ばしている墓もある。隣の区画まで越境しているようなところも……。いっそ、区画内の木を大きく育てれば、森になるかもしれない。石塔を除けば、そのまま樹木葬墓地と変わらなくなる。そういえば、樹木葬の特徴には、基本的に手入れがいらない点もある。自然林になれば自立した生態系が生まれるから、管理はさほど必要なくなるからだ。

むしろ樹林墓地、樹木墓地と名付けたところは、芝生の管理も必要だし、樹木が大きく育った場合はどうするのだろうか。地下に埋蔵施設を設けてあるのだから、あまり根張りは大きくならないはずだが、育てば景観上も剪定は欠かせない。管理は、霊園側がするわけだが、管理費はかかり続ける。

ところで樹林墓地の開設理由には「死後は自然に還りたいという都民の要望に応える」とパンフレットに書かれている。しかし狭い区画に万を超える遺骨が納められるのだ。土に触れる形で

樹木葬をうたう墓地

遺骨を埋蔵するとあるが、本当に土に還れるだろうか。

結局、これは合葬墓なのだ、と気づいた。多くの遺骨を一緒に納められる墓地であり、墓地の継承に不安のある人向け、また墓地を契約したり管理費を払い続けることに金銭的な意義を感じない人向けだ。それは合葬墓と同じだろう。そもそも形態も、両者の違いはあまり見えない。樹林、樹木という言葉を使っているものの、最初から目的が違うのである。

ほかにも多くの〝樹木葬墓地〟を巡ってみた。

すると樹木葬をうたっているのに、木が生えてない墓地があった。その霊園は見渡す限りの石塔が並ぶ従来型の墓地だった。その中で樹木葬エリアがあるというのだが、なかなか見当たらず、ようやく見つけたところはほんの狭い一角。そして、そこには木が一本もないのだ……。

ただ芝生などが敷きつめられているだけ。その芝生の中に石板が並んでいた。そこに故人の名前などが刻まれており、それが墓標であることに気づいた。その下に埋葬スペース（カロート）があるらしい。なんのことはない、石の墓ではないか。石塔ではなく石板にしただけなのだ。

周りを見渡すと、遠くにひょろりとした木が目に入った。まだ植えて年数が経たないのだろう、高さは二〜三メートル。幹も細かった。何十メートルも先にあるその木を囲むように何十枚もの石板の墓標が埋められているのだ。

またパンフレットなどを読むと、樹木葬をうたいながらも墓碑の建設を勧めたり、故人のネームプレートとして石板を設置すると強調した例もあった。やはり経営母体が石材業者などの場合、石を売りたいのだろうか。なかには〝バイオ骨壺〟なる商品や観音像などを販売するなど、何やら商売っ気が目立つところもある。

また埋葬の流儀もそれぞれ違ってきた。たとえば遺骨を直接穴の中に入れるのではなく、骨壺に納めるケースもある。さらに埋葬した上に樹木を植えるのではなく、すでに植えられた木々の周辺に遺骨を埋葬させる方式を採用しているところもある。その場合、一本の木の周辺に複数の埋葬をすることが多い。

そして墓碑とする樹木は花木が多い。その樹木がその土地の在来種であるかどうかは必ずしも斟酌《しんしゃく》されているように思えない。知勝院の理念に従うなら、当然その土地に昔から生えていた種でなければならないが、外来種を植えるところもある。園芸品種の草花のケースもある。

もはや樹木葬は、知勝院の千坂氏の思いを離れてしまったのだろうか。

「拡散」する樹木葬の姿

ここで各地に広がり、さまざまな姿へと拡散・変容している〝樹木葬〟墓地をある程度分類してみたい。

というのも、それぞれ形態も実施方法も違うのに同じ「樹木葬」のカテゴリーに入れて語ることで混乱が生じているからだ。また名称も、拡散している現実がある。自然葬、森林葬、里山葬、樹恩葬、あるいは庭園葬とか森林散骨などという言葉も使われるようになった。さらに桜葬、桜下葬……それらは樹木葬の中の一カテゴリーとして扱ったり、あるいは「従来の樹木葬」と区別するため採用したと主張するケースもある。

そこで私なりに分けてみることにした。なかには厳密な境界が怪しかったり、異論が生じる可能性もあるだろうが、目安にしてほしい。

まず最初に、すでに触れた自然葬との区別を確認しておこう。

自然葬は、もともと散骨を始めた「葬送の自由をすすめる会」が使いだした言葉である。しかし散骨事業者の中にも樹木葬を含めるものと含めないものが散見される。

本書では「自然葬は散骨」としておきたい。ただ後に紹介するイギリスで広がっている野山に埋葬する方式を自然葬と呼ぶケースがある。英語表記ではnatural burialあるいはnatural death、woodland burialなども使われている。だが、本書では混乱しないようにまとめて樹木葬としておきたい。

また森林散骨も、あくまで森林に粉にした骨を撒くことであり、埋葬を伴わない散骨の一種だ。すると散骨扱いで埋葬許可が必ずしも必要でなくなる。土の中に埋めると墓埋法が適用されるという法律上の問題をクリアするための方便という見方もできるが、公共空間としての森ではなく、所有する森の中に区画を決めて撒く場合は、やはり埋葬に近い。だから通常の散骨と区別しておきたい。なお森林など陸上に散骨する場合は、近隣に住民のいる地域では了解を取り付けるべきだろう。

さて、樹木葬と名付けた中でも大きく分けると、森林型墓地と庭園型墓地になる。

森林型墓地は、知勝院が行っている方式が代表的で、場所は里山・奥山にかかわらず山野である。こちらについては、後にもう少し詳しく見たい。埋葬後は、樹木が育つことで森になるのが基本だ。

庭園型墓地は、文字通り墓地を庭園仕立てにしている。通常の霊園でも墓標の近くに草木を植えて庭園のような雰囲気を漂わせているところもあるが、墓標が石塔でなく植物であることから樹木葬と呼んでいる。ただし樹木とは限らず、草花や芝のようなケースも多い。外来種や園芸品種の草花も少なくなさそうだ。場所も既成の墓地の敷地内の一角に芝生などを張って、そこを利用するものが目立つ。そして埋葬場所には石板などの墓標が置かれる場合も多い。

なお墓標の樹木をサクラにしたものは「桜葬」と呼ばれる。これは現在エンディングセンターが商標登録しているので安易に使えないが、登録される前から行っているところは多くて、また言葉も広く使われているのが実情だ。私はこれも庭園型に分類しておく。墓標とする樹木をサクラという一種の樹木に限っていることや、花を中心に置いている点でも庭園に入ると考える。なお商標登録されたことで、桜下葬など少し変えた用語も生み出されている。

日本人はサクラの花が好きらしい。ただサクラは結構生長が早くて十数年で大木になるから敷地は広く確保しなければならない。またヤマザクラは比較的長寿だが、ソメイヨシノはあまり長生きしない。通常の寿命は五〇～六〇年である。また春先に葉食性の毛虫が発生しやすいので消毒作業が必要になることが多い。

今日本でもっとも増えている樹木葬墓地が、この庭園形態である。インターネットなどで広報している樹木葬墓地の内容を注意深くチェックすると、大半が景観重視であり、森づくりや森林再生、在来の里山生態系の再生といった理念は薄いところが多い。もちろん、厳密な区別は難しく、自然再生型と庭園型の境界線上にあるような形式も見かける。

また敷地に傾斜がありもともと雑木の生えた里山である場合もあれば、ほとんど平坦に造成された場所もある。この点については、あまり杓子定規な区分けはしなくてもよいかもしれない。

では、なぜ庭園型樹木葬墓地が増えているのだろうか。一つには、墓地業者がすぐに取り組める点がある。墓地開発の許認可を取る場合も、山林に埋葬するとなると、行政担当者も慣れていないこともあって、簡単ではない。なにより山林の整備など業者にとっても門外漢である。また植樹する場合は埋葬の一区画も基本的に広くなる。都市部では山林の取得も困難なうえにコストも跳ね上がる。

その点、庭園型墓地は、単に石塔の代わりが植物だというだけで従来の墓地とさほど変わらないノウハウで運営できるのだろう。

無視できないのは、庭園の景観を求める需要が少なくないことだ。つまり墓地を求める人は、庭園景観に好感を持つことが多いらしい。山の中、つまり自然の中への埋葬というのは、あまりに自然すぎて、不安なのだろうか。ちゃんと整備された緑地でなければ墓地として認識しづらい点が影響しているように思われる。

だが本書では、森林型樹木葬墓地に注目したい。

森林型の中でもいくつかに分類できる。まず埋葬の場所で分けると、里山と奥山に分かれるのは、すでに知勝院の例で紹介した。

里山は、人里に近く、人が手を入れて維持してきた自然である。田畑はもちろんだが、雑木林もかつて薪など燃料や木材を得るため伐採を繰り返した。また農地への堆肥づくりのため落葉や草なども採取した。そうした人為の関与の結果、生まれた自然である。

しかし近年は利用されずに荒れているところも多い。草木やタケが密生するなど林内は暗くなり、人が足を踏み入れることも難しくなってしまう。そこを樹木葬墓地にすることで整備するわけだ。

一方、奥山は人里から遠く人の関与は少ない奥地である。植生は天然林のほか、近年は植林が進みスギやヒノキなど人工針葉樹の森になっているところが多い。だが手入れが行き届かず荒れているところも少なくない。ここを伐開して樹木葬墓地に仕立てることで、健全な森づくりを行う。

このような場所の違いに加えて、埋葬の仕方でもいくつかの様式がある。

まず埋葬地になんらかの植物（おもに低木類）を植える方式を採るもの。これは知勝院などで行っているものだ。まさに石塔の代わりに樹木を植える形式である。基本的に植えるのは低木だからあまり背の高い森にはならない。

一方、最初からある樹木を墓標として、その周辺に遺骨を埋葬するケースもある。樹木の根元周辺数メートル以内に埋葬するのだ。たいてい一本の樹木の周辺に複数の埋葬が行われる。その点では合葬に近いが、個別の区画は設ける。

また埋葬地の上に樹木のあるなしにこだわらず、林地の中に埋葬する（といっても、森の中だから当然ながら周囲に木がある）形式を取ることもある。あえて言えば樹木と樹木の間だ。しかし、基本的には樹木が墓標となると言ってよい。

森林型と言いつつ、必ずしも樹木にこだわらないケースもある。墓標に樹木ではなく草花などを生やすものだ。ただし庭園型との違いは、あくまでその場所は山野であること。日本では時間が経てば植生が変わりがちで維持が難しい面もあるが、イギリスなどでは珍しくないようだ。

なお、遺骨の埋葬にもいくつか形式がある。一つは地面に穴を掘って、そのまま直に骨を入れて土で埋めるもの。あるいは骨壺に入れて埋めるところもあるが、その場合は骨壺は時とともに分解して土に還る素材でつくられていることが必須だ。たいてい木製や竹製だが、布袋の場合もある。綿の袋に入れて埋めると、布ごと土に還る。

容器のあるなしは骨が分解される年月に影響するため、なかには骨壺の底を抜き、土に触れるようにして分解されやすく工夫したものもあった。その地域の土質も影響する。酸性土壌なら早く分解するだろうが、そうでない土壌だと比較的残りやすい。なお焼骨は結晶化していて分解されにくいそうだが、土地によっては一年経たずに骨が消えたというケースもあった。埋める骨の大きさにもよるのだろう。

もう一つ、墓碑を設けるかどうかという点もある。たいてい木製など分解性のプレートで故人の名前などを記して樹木に付けたり地面に立てる。ただ、時には石（自然石が多い）に刻むものもある。それらは半永久的に残ることになる。ただ景観的には、森の中に溶けこむように工夫しているようだ。

このようにさまざまな形態の森林型樹木葬があるものの、埋葬地がいずれ森になる（自然に還る）か否か、が分かれ目になるだろう。植えた木がやがて大きく育ち森になった後、その土地は自然に還るのか、それとも時期が来たら（数十年後）、育った木を伐採して再び埋葬地に戻すのか。知勝院は、完全に自然に還して、墓地は新たな場所（自然再生を必要としている山野）に設けるとしている。

簡単に新たな土地を取得するのが難しいため、墓地が満杯になり森になった時点で樹木葬は終了する、あるいは一定期間後（たいてい三三回忌など）に育った樹木を伐採するか移殖して、改めて樹木葬を行う考えのところもある。もっとも、まだ日本で樹木葬が始まって十数年のため、将来どのような方針を取るか、現時点で確実なことは言えない。

幾度か繰り返しているが、石墓はもちろん散骨（自然葬）や庭園型樹木葬はよくないというのではない。つくり手が地域の環境や遺族の感情に配慮して木々などの自然を扱い、契約者がその条件に満足して故人の葬送法を選んだのなら、それは立派な葬送であり、その場所は大切な墓所となる。

ただ本書では、可能な限り森などの自然再生につながる埋葬方法を取り上げる。

なおもう一つ、次章から詳しく紹介するが、海外には「緑の埋葬」という表現がある。英語ではgreen burial、もしくはgreen funeralだ。日本の樹木葬と近いが、基本的に自然環境に配慮した埋葬のことである。またイギリスのＤＩＹ埋葬（九八ページ）を指す場合もある。

緑の意味は、まず埋葬することで自然に負荷をかけないこと。墓地の開発で森を伐り開いたり、埋葬時に分解しない遺物を一緒に埋めたり人工的な墓標を設置したりして、環境に負荷をかけないこと。さらに火葬などで無駄に化石燃料を使わない、という点から土葬を勧める発想もある。

もう一つは、より積極的に埋葬によって森林などの自然環境を守ることである。それは植樹のほか、金銭的に埋葬費の一部を自然環境の保全に役立てる意味もある。さらに発展して、自然をつくることも行う。墓地空間を自然保護区に指定されることをめざす。

一方で、必ずしも「墓石の代わりに樹木」という発想ではないため、石の墓標を置く場合もある。ただし、それも環境に負荷をかけないことが重要だ。環境には景観も含まれるので、自然石を使うことが多い。

第3章 「緑の埋葬」先進国を俯瞰する

日本で知勝院が樹木葬を開始したのは、一九九九年。その後急速に広がるが、じつは、日本の樹木葬（おもに知勝院）と近い「緑の埋葬」の考え方や埋葬方法は、世界中でも広がりつつあった。それもミレニアム（西暦二〇〇〇年）前後のほぼ同時期に誕生している点は興味深い。それらは基本的に自然発生であり、一つの国から伝播したわけではない。

各国の動きには、それぞれの国の事情や社会情勢が色濃く反映しているように思える。そこで、実施している国の状況をいくつか紹介しよう。

イギリス・DIY埋葬から進化した樹木葬

立命館大学理工学部の准教授である武田史朗氏は、ランドスケープや公共建築を手がける建築家である。おもに集合住宅やオープンスペースの設計を研究している。

彼はイギリスの樹木葬について詳しく調査を行った。そのきっかけは、アメリカ留学中に雑誌『ランドスケープ・マーケティング』を目にしたことだった。その号にイギリスの樹木葬墓地についての特集が掲載されていたのだ。それに興味を持って研究対象にすることにした。

この武田氏の研究に基づいて、イギリスのケースを紹介したい。

まずイギリスで樹木葬（現地では自然葬、あるいは緑の埋葬と呼ぶ）が始まったのは、一九九〇年代の始め頃だという。日本の知勝院で始まる少し前であり、現代的な樹木葬としては世界でもっとも早期かもしれない。

そのスタートには、以前より広がっていたＤＩＹ埋葬の潮流がある。聞き慣れぬ言葉だが、ＤＩＹはDo It Yourself、つまり〝自分でやる〟という意味から日曜大工などを指すことが多いが、ここでは遺族が自分たちで仕切る埋葬のことである。

イギリスは、欧米諸国の中では火葬が普及している（七〇％以上）国だが、葬儀業者に頼ると、非常に機械的で効率重視の火葬と埋葬作業になってしまっている。欧米には日本のような火葬後の骨上げ（お骨拾い）や、墓への納骨などの儀式はなく、火葬場へ遺体を送り出した後は、業者に任せきりなのである。遺族の中には物足りない、愛した人を最後まで見送れないことにやるせない思いを抱く人もいたようだ。

一方で伝統的な土葬方式は、高価で大袈裟な儀式になる。高価な棺を利用したり、立派な石造りの墓碑を築く。エンバーミング（遺体の防腐処置）などを施されることも多い。ただ、それらの過程でも遺族らが関わることは少ない。埋葬する穴は業者によってあらかじめ掘られていて、埋めるのも業者。遺族や友人らは、ただ列席するだけである。その両方に疎外感と負担を感じた遺族が、自分の手で穴を掘り、埋葬するなど私的な追悼と精神的な癒しを目的に始めたのがＤＩＹ埋葬である。

その場合、埋葬地は遺族の所有している土地、なかでも自宅の庭であることが多い。埋葬地の上に必ずしも樹木を植えるとは限らないようだ。

このことは、埋葬地の恒久性に問題があった。遺族が自宅の土地を売却した場合、墓は消滅することになる。また知らずにその家と庭を購入した人が、庭に死者が埋められていることを知って好ましいと思うことはないだろう。

一方で、墓地がつくられることで豊かな自然が破壊されることに憂慮する人々が、墓地を生物棲息地にする運動を始めた。これはリビング・チャーチヤード・アンド・セメタリー・プロジェクトという。教会の敷地や墓地にある草地を貴重な自然として保全していく管理方法をアドバイスしたり助成するものだ。ここでも既成の墓地に対する疑問が広がっていたのである。

そんな社会状況の中、イングランドのカンブリア州カーライル市の墓地関係部署の課長だったケン・ウェストは、公営墓地の評判が遺族に良くないこと、とくにＤＩＹ埋葬を行う人々の間には「樹木の下で眠りたい」という要望があることを知った。そこで公営墓地の中に、樹木を植える区画をつくった。既存墓地六〇ヘクタールのうち〇・四ヘクタールの草地だったが、これがカーライル森林墓地である。イギリス最初の樹木葬墓地と言ってよいだろう。

この墓地では、まず樹木は植樹会でまとめて先に植えられる。その後に埋葬が行われる方式だ。墓碑は設置しない。ただレンガ塀で囲まれた瞑想スペースを設けて、そこに埋葬された人々のネームプレートが設置された。墓参りに訪れた人は、樹木の植えられた埋葬場所に分け入らない。これは埋葬地の生物を保全する理念に基づく。

もう一つ別の動きもあった。遺族のカウンセリングを行ってきたソーシャルワーカーのジョン・ブラッドフィールドは、一九九三年にＤＩＹ埋葬の手引き書を出版した。それが『緑の埋葬(GREEN BURIRL)』である。

この本には、自分が所有する土地に埋葬するＤＩＹ埋葬は違法でないと主張しているが、同時に恒久的なＤＩＹ埋葬地として自然保護地を共同で所有する計画を提案している。実際、彼は出版前からイングランドのスコトン村に一・四ヘクタールの土地を自ら主宰する「アリス・バーガー福祉および野生動物トラスト」（ＡＢＷＷＴ）名義で手に入れており、準備を進めていた。

それが開設されたのは一九九五年である。これが初の民営の樹木葬墓地となった。

もっとも、このＡＢＷＷＴ墓地は森林ではない。むしろ牧草地だ。実際にヒツジが放牧されているそうである。また遺族はどこでも好きなところに自分で埋葬してもよいが、そこに二〇～四〇センチの石灰岩に墓碑銘を刻んで置かれる。日本のような加工された石塔ではなく自然石に近いが、石を墓標にするわけだ。樹木がなく、墓石がある点では、樹木葬と呼びにくいかもしれない。

いずれしろ、こうして公営・民営ともに樹木葬的な埋葬法が広がり始めた。そこでは土葬もあれば火葬後の遺骨も埋葬の対象になった。そして自然葬地事業者協会などが結成され、倫理綱領などもつくられて、この埋葬法が全土に広がっていく。二〇一〇年には、少なくとも一四〇以上誕生している。

こうした墓地をイギリスでは自然葬地と呼ぶ。環境が森林に限らず草地なども含むからである。ただ、本書では日本の自然葬（散骨）と混乱しないように樹木葬、もしくは樹木葬墓地と記すことにする。

その定義は「埋葬および埋骨と、植林あるいは既存樹林や草地の生態学的価値の保全・向上との二つの目的を併せ持つ用地で、石碑の代わりに樹木など自然の素材を利用し、棺やこれに代わる容器や梱包、さらにもし墓碑を使用する場合にその素材を極力生物分解可能なものに限るもの」とされている。

このような樹木葬が広がった理由の一つに、高級棺用材としてミズナラのほかローズウッド、

イギリスのＡＢＷＷＴ墓地。放牧地をそのまま墓地にしている

マホガニー、そして黒檀など高価な銘木を求めることが増えていたこともある。実際、馬鹿にならない量が消費されており、それがアフリカや南米、東南アジアなど熱帯地方の森林を破壊しているという声も高まってきた。そうした背景から環境を意識した埋葬に目を向けるようになったのだろう。

また気候や歴史も少なからぬ影響があるかもしれない。もともと樹林地が少なく草地が多い国土である。降水量が少なく冷涼な気温は、放置しても日本のように草ぼうぼうのブッシュになりにくい。とくにイングランドは放牧地や産業地として森林のほとんどを伐り開いてなくしてしまった。だから自然イコール森林を連想する日本と少し違う。

いずれにしても、樹木葬墓地は公営・民営を問わず数が増えていき、存在意義も広く認められるようになった。また基準づくりも進み、樹木葬墓地の認定制度（ナチュラル・デス・センター認定）も生まれたほか、埋葬地の生態学的な環境保全も進められた。さらに環境教育的な価値についても覚書が出されている。

たくさんの樹木葬墓地が登場する中で、さまざまな形態が生まれていく。すでにある自然の中に埋葬地を設置して環境を保全するものから、荒れた土地に植樹して森林化を進めるもの、さらに既存の人工的な針葉樹林を伐採して広葉樹林へと樹種転換を図るものまで現れた。そして敷地が生物保護区や自然の美観保護区に指定されたり（すでに指定されている土地に埋葬地を設けるケースも多い）、観光に供されるところもある。また埋葬地周辺で農業などを継続することも珍しくない。

たとえば、イギリスでは一般的なフットパスが埋葬地の中を通るルートになることも少なくないそうだ。フットパスは、単に誰でも通行できる道というだけでなく、「歩くことを楽しむ道」である。日本的には里の散歩道だったり森林内のハイキング道のイメージだろう。

どうやらイギリスの樹木葬は、自然の中で故人を弔いたいという遺族の意図と、自然保護を進める団体の意図、そしてランドスケープの成立などに墓地が関わる目的がリンクするように展開

イギリスのコルニーウッド墓地。森林を生かしている

したようである。墓地行政というよりは、緑地行政の一部に組みこまれているのだ。すでに多くの動植物が存在し、豊かな自然を維持していることが確認されるまでになった。

だから埋葬の仕方も、そこにつくられる自然も、千差万別である。樹木の苗を植える方法、既存の樹木の根元に埋葬する方法、草地そのままであるところ。埋葬後も、きちんと管理する墓地もあれば時間の風化に任せる方針もあるようだ。石の墓標を置くところも、埋葬場所を特定する印を一切置かないところ、さらに埋葬した場所に足を踏み入れないようにするケースもある。埋葬人数も、何人でもＯＫな場合もある。

一見まとまりのないように思えるが、行政や民間の協会などの規定や認定制度によって、墓地の内容は一定の基準を担保されているのだ。

新たに樹木葬を行う際に、地域住民の感情はどうだったのだろうか。もちろん反対運動が起きた土地もあるそうだが、急速に広がったのは、墓地をつくることが環境保全になる点や緑地景観を育み地域に貢献すると認知されたからだろう。

イギリスの樹木葬墓地を数多く歩いた武田氏は、「イギリスでは、埋葬の方法は故人の希望というよりも、遺族の思いを重視しているのではないか」という。

「日本では故人の『自然の中で眠りたい』などの意志を遺族が実行するのに対して、イギリス人は遺族が癒される方法として自然の中への埋葬を選択したケースが多いように感じました」

愛する人が亡くなった後、いかに遺族が心の整理をつけるか、という観点が出発点にあるのだ。DIY埋葬がそうであったように、遺族が故人に別れを告げて次の人生を歩むため樹木葬も行うという。実際、こうした樹木葬墓地に埋葬した後は、墓参者は少ないそうである。埋葬することで心が落ち着いたから、その後は墓にこだわらないのだろう。その点、多くは生前契約で成り立つ日本の樹木葬と成り立ちが違うように思う。

ただ自然が心を癒してくれる点は、日本人もイギリス人も同じである。

スイスとドイツ・埋葬は森の新たな活用法

ヨーロッパの樹木葬は、大陸側にも広がっている。なかでも大きな動きとなっているのはドイツ・スイスなど中欧圏だ。その樹木葬の特徴は、墓地を森にするのではなく、森を墓地とする点だ。埋葬地に墓標として植樹するのではなく、森の中の樹木の周辺に埋葬する。日本的な言い方をすると、地目は「墓地」ではなく「山林」なのである。

ここでスイスとドイツの樹木葬を紹介する前に、彼らの森林に対する思いについて、少し触れておこう。

中欧に住むゲルマン民族は、森の民だった。かつてヨーロッパ全域は深い森に覆われ、彼らはその中で暮らしてきた。中世以降、農地の広がりや工業化、都市化が進むことで森林面積は減ったが、それでも彼らは森林に対して強い思いを持ち続けている。

とくに産業革命以降、排気ガスに覆われた都市を脱出するように、人々は森に入り始めた。そこにはロマン主義などの影響も見られるが、森林散策や森の中の徒歩旅行は欠かすことのできないものとして定着している。ワンダーフォーゲルやユースホステルの運動は、その過程で生まれたものである。

そして森林所有者である領主や教会から市民が長い戦いの末に勝ち取ったのが、「自然享受権」や「森の自由権」「万人権」などと呼ばれる市民の権利である。これは、誰の土地であろうと森林の中を自由に歩く権利を保証しているものだ。そして草花やキノコなどの採集も認められている。実際に中欧諸国では、多くの都市近隣に広い都市林が設けられており、そこは常に市民が散策する地域となっている。森林リゾートも数多く、休暇に訪れて長期滞在する人気スポットになっている。

また林業も盛んだ。あまり知られていないが、ヨーロッパの林業はシステマティックに進化して先進産業になった。持続的な木材生産量も多く森林面積は増え続けている。すでに日本が輸入する木材の一割近くがヨーロッパ材である。

重要なのは、森林管理を担当するフォレスター（森林官）の権限が強いことだ。森林所有者が木を伐りたいと思ってもフォレスターの許可がないとできないし、森林の運営の仕方は、所有権を超えてフォレスターが決定し実行される。またフォレスターは木材生産だけでなく、市民向けの環境教育やガイド、そして自然保護などを担う役割と権限が与えられている。一部には警察権も有する。フォレスターはかっこいい職業なのだ。「男の子なら誰もが一度は憧れる」という。日本におけるプロ野球選手、サッカー選手よりも人気は高いかもしれない。

そして樹木葬も、森林利用の新しい形となりつつあり、フォレスターも森への埋葬に関わっているのだ。

さて中欧で最初の樹木葬は、スイスで始まった。実施したのはユーリ・ザウター。きっかけは、一九九三年にロンドンに住んでいた長年の友人が亡くなったことだった。

友人は、死んだら故郷のスイスに戻してほしいと遺言を残したため、ザウターが遺灰を引き取った。そして遺灰を埋めるところに木を植えることを思いついた。遺灰は栄養となって樹木を生長させる。それが友人の新しい生命ではないか、そして樹木と出会うことで友人と会話ができる……と考えたのだ。そこでボーデン湖の近くの森に遺灰を撒いたのである。

ザウターの父親は、墓石職人だった。そのため墓地は子どもの頃から身近にあったそうだが、石による墓標を樹木に置き換えることに抵抗はなかった。

ちなみにスイスの埋葬制度は、土葬も火葬も可能である。通常の墓は、キリスト教会の敷地内や公営の墓地が多い。土葬なら棺に遺骸を入れて埋葬する。火葬の場合は遺灰を埋葬する（火力が強く骨ではなく灰になる）。ただし、遺族が遺灰を自宅に保管したり、庭に埋葬したりすることも許されている。また本人や遺族の希望によっては、湖や氷河、山の牧草地への散骨も行われているそうだ。近年は、ドイツ人がスイスで散骨・埋葬されるケースが増えている。スイスの自然の中で眠りたいという希望が高く、スイス人よりドイツ人のほうが多いという声もスイス人から聞いた。

なおスイスの個人の墓地は、通常二五年で契約は終了する。すると墓石も含めて整地されてしまう。この期間は微妙だ。日本の場合は三三回忌、つまり三二年間を期限とするのが一般的だが、それより短い二五年だと、まだ直接故人を知っている遺族がいて、不満を持つこともあるかもしれない。

ザウターは、この樹木葬を事業化することを思いつく。そこで一九九八年に「フリートヴァルト」という会社を起こした。社名は、ドイツ語で墓地を意味するフリートホーフと自然林を示すヴァルトを合わせた造語だ。日本語では〝安らぎの森〟と訳される。

二〇一四年現在、スイスのドイツ語圏で七〇か所の森と契約して埋葬できるようになった。森を「墓地」として所有するのではなく、あくまで森林のまま使用権を取得して、そこにある樹木の根元に埋葬する権利を販売する形式だ。一本の木の周辺に一〇人まで埋葬できるという。森の使用権は九九年契約。これは法的な契約期限の最大枠だ。その間は墓地として維持されることが確約される。

夫婦だけでなく自分の好きな人と一緒に埋葬されることを望んでもよい。なかには同性愛者同士やペットと一緒に入ることもあるそうだ。ただし通常の墓地のように花を飾ったり、供え物を置くことは認めていない。「あくまで森の中であり、異物を残してはいけない」からであり、また「木は自然に伸びて生長する」から手入れは不要だ（この点は、湿潤温暖で植生が豊富な日本と状況が違う）。

スイスで樹木葬を望むのは、墓の手入れや継承という負担を親族にさせたくないという理由が大きい。だから樹木葬をすること、どの木の下に眠りたいかを生前に契約するケースが多いそうだ。こうした点は日本と似ている。

墓標に選ぶ木は、カシやブナ、ポプラ、カエデなどの広葉樹が多い。針葉樹は虫害で枯れる恐れがあるからだという。あらかじめ選定した木には、アルファベットで二文字の印が付けられている。フリートヴァルト社は、木の根元に埋葬用の穴を掘り、小さなシャベルをその横に添える。実際の埋葬の儀式は、遺族に任せているそうだ。「遺族は、葬儀を自らの創造力でつくり上げることが大切」というのがザウターの意見なのである。

埋葬後は、希望すれば故人の名を彫った小さなタグを木につけることもできる。だが、それも年月とともに消えてしまうことを前提としている。また早くに墓標の樹が枯れてしまったら、新しい木を植えるそうだ。

なお、このような樹木葬を行った森でも、一般人は自由に立ち入って散歩している。近隣住民にとって、普段から散策している森が埋葬地になるわけだ。

樹木葬についてスイスのフォレスターに尋ねたことがある。すると顔をしかめた。樹木葬を行う森を管理するフォレスターは、埋葬時には立ち会うこともあるが、森林管理の担当者にとって、必ずしも好ましく思えないそうだ。とくに「異物（遺物）を持ちこまない」という規則は往々にして守られないという。故人の記念品などを森に置かれることは森林環境にとって好ましくない。一方で樹木葬が森林所有者にとっては新たな収入源になっている事実もある。だから喜ぶ人もいるということだった。

ザウターの事業を知って、ドイツでも同じような樹木葬を行うことを思いついたのが、元銀行家のアクセル・バウダッハである。二〇〇一年、ドイツで最初の樹木葬墓地を誕生させた。それが樹木葬墓地「ラインハルトの森」である。

バウダッハが来日した際のインタビューによると、きっかけは祖父の死だった。

「祖父が亡くなったとき、伝統的な葬法に縛られて、祖父が望んだ祖父の姉の隣に埋葬することが許されなかったのです。それがとても残念で、何か手はなかったのかとさまざまな葬法を調べるようになり、スイスで営まれている樹木葬を知りました。電話で話を聞いてみると『毎日のようにドイツ人から問い合わせを受ける』と言われたんです。そこでドイツで契約できる樹木葬がないのなら、自分がビジネスにしようと決意したのです」

ラインハルトの森は、ヘッセン州カッセル郡ヴェーザーベルクラントにある約二〇〇平方キロ

ドイツの樹木葬は、元からある木の周辺に埋葬する

メートルに及ぶ広大な森だが、日本にも馴染みのある世界である。なぜならグリム童話をはじめとする数多くの物語や伝説の故郷だからだ。とくに『眠れる森の美女』の舞台は、このラインハルトの森のザーバブルク城だ。

ただし、行政的にはちょっと特殊な土地でもある。このうち一八三平方キロメートルが、一般の市町村に属さない一つの行政区なのだ。つまり独立した自治体である。ただし住民はおらず、フォレスターがいるだけだ。

当然、議会も行政機関もなく、フォレスターが自らの権限で森の運営を行っている。そうした土地に、バウダッハは樹木葬墓地を開設することを持ちかけたのだ。

おかげで住民の説得や関係諸機関との調整などが必要なかった。フォレスターの賛同を得るだけで実施に移せたのである。そして、この地の成功が全国に樹木葬が広がる契機になった。

方法は、事前に選ばれた樹木の根元に遺灰を直接埋める。これらはスイスの場合と同様である。なお埋葬の祭祀はフォレスターが担当する。

埋葬は、大きな穴を掘って樹木の根を傷つけるわけにはいかないので、わずかな穴で済む遺灰に限っている。埋葬時に墓石や花、十字架などを置くのも禁止。樹木に小さな木製のネームプレートはかけるが、年月がたてば消える。埋葬した場所は、GPSで管理されているそうである。駐車場や散歩道は元の森林のインフラを利用する。

墓地となる森は、塀などで囲わず常に公開状態にしている。閉鎖的な伝統的墓地とは違い、開かれたものにするためだ。埋葬の要件を満たしていれば宗教も問わず、墓地を訪れる人を拒むものはない。

近隣からの苦情もない。日本では墓地が「迷惑施設」として捉えられがちだが、ドイツの樹木葬墓地は、むしろ周辺の地価が上がる傾向があるという。静かで緑の多い環境が長く保たれるからである。

ドイツの樹木葬の発展を研究した札幌市立大学の上田裕文講師によると、ドイツでも葬儀など宗教的な儀式はキリスト教会が行うものだった。だから樹木葬は伝統を破壊すると反発を招き、抗議するキャンペーンもあったそうだ。

「ただ、ドイツには一九世紀頃から森に墓地をつくる動きがあり、その延長と位置づけられるようになりました。産業革命の進行でキリスト教の伝統の縛りが弱まったことや、日本同様の少子高齢化の進展で墓の継承が重荷になってきたことがあるようです。婚姻家族制度に囚われないで友人同士で墓に入りたい要望もあります。だから受け入れられたのでしょうね。今は教会側の理解が進み、二〇〇七年にはプロテスタント系の教会の所有する森林に樹木葬墓地ができています」

バウダッハは「フリートヴァルト」という会社を設立した。スイスのザウターの会社と同名だが別会社である。そしてドイツ全土へ墓地を広げた。森林所有者から樹木葬墓地にする契約で借りた森の数は二〇一二年で四六か所になった。ダウバッハは事業意欲も旺盛で、アメリカや韓国にも進出したと聞く。

特徴は、「生前契約」と「火葬と生分解可能な材料のみの使用」「森林はそのまま保持すること」をコンセプトとすることだ。具体的には「墓石、マーカー、キリスト教のシンボルや花は禁止」などがあり、環境保全への意識が高い。

樹木葬に適した森としては、最小で二五ヘクタール、できれば三〇ヘクタール以上の広葉樹を主体とした混交林。さまざまな樹齢が交ざっていること、七割以上が落葉樹であることを条件としている。地形も傾斜はあまりない穏やかな平地だ。そして都市部からのアクセスも容易な地域が選定されている。なお森の使用権は、スイスと同じく九九年。これは使用権を設定してからの年数なので、後から埋葬された人ほど、墓地として維持される期間は短くなる。

ただ九九年後の森林がどうなるかは明確に定められていない。そのまま原生状態を維持して自然保護区にする意欲を示す所有者もいれば、生育している樹木の木材利用を考えているケースもあるという。後者は林業を行うわけだ。

ところで、バウダッハの「フリートヴァルト」から独立してつくられた会社がある。二〇〇四年に設立された「ルースフォルスト」という会社だ。こちらは〝静寂の森〟という意味になる。ちなみにドイツ語のヴァルトは自然林を指し、フォルストは人が利用する森である。

「設立者は、ペーター・ヴォールレーベンという元フォレスターです。フリートヴァルト社で樹木葬を手がけていましたが、考え方に違いがあり独立したようです。彼の方法は、森林所有者の意志を重視して樹木葬を行うものです」（上田氏）

こちらは全土に五六か所展開しているが、一種のフランチャイズ方式を採用している。「フリートヴァルト」のように会社が森の使用権を得るのではなく、森林所有者が自ら運営していく。会社は、樹木葬墓地運営のノウハウを所有者に提供するわけである。ただし、提供するノウハウは選択できる。すべてセットではないのだ。そのため実際の樹木葬墓地の運営は、各所有者によって少しずつ違いが出る。

ヴォールレーベンは「ルースフォルスト」のほうが、運営の独自性が高いうえに所有者への還元額が多くなり、地域に経済的な貢献度が高まると主張している。

ドイツ政府の統計によると、埋葬用に登録された樹木は、二〇一三年末で四万五〇〇〇本だという。また樹木葬墓地のキャパシティは、三八万人の遺灰を埋葬できる規模になった。これはドイツ全土の年間死亡者数の四割を超える。

アメリカ・埋葬地を生物保護区として保全

アメリカは多民族多宗教の国である。加えて地域も地球規模で広がる。アラスカの氷の世界もあれば、ハワイなど南洋の島々もある。そして多様な先住民族が住む。それだけに葬送の儀式もバラエティに富む。一方で国民が宗教的儀礼にこだわらなくなり、科学文明への信奉もある。その結果、いかにもアメリカ的な葬儀が広がってきた。

アメリカ的な特徴の一つは、まず広大な国土ゆえ、亡くなった場所と故郷が離れていることが多く、遺体の運搬や家族・友人らが集まるのに時間がかかることである。そのためエンバーミング技術が発達した。いわゆる遺体の防腐処置である。しかし、この処置をされたまま埋葬されると、遺体はなかなか土に戻らない。

基本は土葬だが、近年は火葬も増えてきた。そして遺骨遺灰の処理には、さまざまな手段が登場している。通常の埋葬のほか、遺灰をカプセルに詰めてロケットで宇宙空間へ打ち上げる宇宙葬まで行われている。

ところで一般のアメリカ人に墓参りの習慣はあまりない。とくに命日や年忌参りのようなことはしない。埋葬後は、一度も訪れないことが珍しくないそうである。埋葬することで遺族も気持ちに区切りを付けているらしい。

そうした世情を背負って、アメリカにも樹木葬は徐々に広がっている。各地にあるが、それぞれが独自の方法で広がっているようだ。先に紹介したドイツのバウダッハ氏も、アメリカに進出して展開している。

ここでは、おそらくアメリカで最初に樹木葬を手がけたジョージ・ウィリアム・キャンベルの樹木葬を紹介したい。彼の運営する樹木葬は、メモリアルエコシステムと呼ばれていて、自然保護区を生み出しているのだ。サウスカロライナ州のラムジークリーク自然保護区である。

キャンベルは大学の生物学のコースで環境科学を学んでいた。さらに医科大学へと進学し、死と遺体の処理について考える機会を持った。そのうえで各民族は亡くなった人をどのように弔うのかという民俗学にも触れるようになる。

樹木葬を始めたのは一九九六年。そのきっかけの一つは、父親の死だった。父は五五歳という若さで亡くなったため、キャンベルは心の準備ができていなかった。

アメリカの葬儀と墓地の業界は、年間約二〇億ドルが動く巨大な産業となっている。そして多くの儀式の小道具がゴミとなり、また埋葬地の生態系を破壊していた。それに対して、もっと良い方法がないのかと考えるようになった。

その際にかつて研究したパプア・ニューギニアの高地に住むフォア族の文化を思い出したという。彼らは亡くなった人を葬る「聖なる森」と呼ばれる場所を持っていたのである。その森では木を伐ったり狩りを行うことはない。スピリチュアルな、先祖を祀る森として位置づけられていた。それが結果的にその森を野生動物の楽園とした。樹木が伐採されないから環境が変わることもなく、野生動物が狩られることもないから動物のレフュージア（環境が変化する中で生物が逃げこんで古い種を保てる場所。一般には隠れ家的な意味で使う）となったからである。それが地域の生物多様性を高めていた。

キャンベルは、この「聖なる森」にインスピレーションを受けて、埋葬によって生物保護区を生み出すことを思いついた。環境に優しい埋葬法を「緑の埋葬」と呼んで「死者のための聖地」づくりをできないかと行動を始めた。彼がめざしたのは、科学的な計画に基づく墓地づくりと生物保護区の融合だ。

埋葬によって傷ついたり消失する植物がないことを確認して利用できる場所を探した。そして墓地用地として目をつけたのは、荒廃した農場跡地ラムジークリークである。ここには二〇〇種類を超える植物が生育していた。

この「メモリアルエコシステム」の意図や仕組みについては、キャンベルのインタビュー記事から紹介しておこう。


「まず緑の埋葬には三つのレベルがあります。最初のレベルは、エンバーミング（防腐処置）をしていない遺体を生分解性の容器を使い埋葬することです。次のレベルは、埋葬する場所が自然の中であること。そして第三のレベルは、地域全体で美しい自然景観を保全し、その地域を管理するために基金を生み出す埋葬です」

「若干の州には、我々の埋葬方法に合わない法律があります。たとえばフロリダ州は、埋葬域に舗装道路を敷かないといけない。そこで多孔質の素材による舗装道を検討しています。我々は、樹木葬のアイデアを妨げる州法があるかどうかを調べて、すべての州に提案を送りました。これまで異議を受けていません」

「私は、火葬をあまり好きになれません。遺体を化石燃料を使用して燃やすことで大気汚染の原因をつくりたくないからです。化石燃料を利用して火葬すると、口の中に水銀化合物の詰め物がある場合、それは空気中の水銀汚染の原因になります。ほかにも一酸化窒素汚染にもなります。高温で身体を燃やすと、余計なガスを放出してしまうのです。煙突の上にスクラバー（洗浄集塵装置）を付けていますが、すべてを取り除くことはできません。一方で自然は、独自のペースと独自の効率で体を土に還します。私は土地を節約して適切に設計されたスポットで行う簡単な緑の埋葬が、もっとも良い選択だと思います」

「現在、我々は非営利的な事業体として活動していますが、この活動を広げようと思っています。非営利で独立していることが、財政的に理にかなっていることに気づきました。減税対象になり、優遇レートで金融機関からお金を借りることができます。今後一〇〇万人を対象にしたいと思っています。たとえば土地信託、学校、宗教団体と協力していくこともできるでしょう。『メモリアルエコシステム』は、資金を得て調査を行い、保全と地域の法律を遵守するよう設定します」

「我々の墓地の植生が、偶然にも自然保護区のように見えてそのように機能するのならば、それはすばらしいことです」

具体的には、どのような埋葬のシステムだろうか。

まず人が死ぬと、遺族は協力してくれる葬儀ディレクターに連絡をとる。すると遺体をピックアップし、遺体の状態を維持しながら樹木葬墓地まで輸送してくれる。棺は、無料で段ボールの棺を提供される。木材の棺桶よりずっと早く土に還るからである。

家族は、希望すれば自分たちで穴を掘れるが、職員もそれを手助けする。埋葬した上には草木を植える。石塔を置くことは認められている。しかし、それは自然石でなければならない。植える木は、家族が決めるが、その地域の在来種の低木に限られている。切り花などを置くことは認められていない。将来、木が枯れた場合は、誰が埋葬されたのかわからなくなるが、それをよしとする。自然林のようになり、それが地域の自然を守ることなのだ。

ただし墓の場所は、GPSで管理している。またコンピュータの中に故人の情報を登録したページも設けていて、パソコンを開けば誰でも故人の履歴情報のほか、写真や彼の好きな曲など生前の生活、そして将来の世代に向けて残したメッセージを目にすることができる。

なおネコやイヌ、ヒツジ、ヤギ、トリなどペットの埋葬もできるそうだ。

ラムジークリーク自然保護区は、商業的な建物を建てたり地形を改変したり木を伐採したりすることはできず、豊かな動植物がいる自然の維持を厳格に守っている。墓石の列も整然と並べるのではなく、あえてバラバラに配置されて木々や岩などに埋もれるようにしている。そのほうが自然景観になるからだ。約一五ヘクタールの墓地の敷地は、ハイキングしたり自然観察するためにも使われているそうだ。

　このような「緑の埋葬」は、アメリカ合衆国のとくに西部地域に数多くある。ニューメキシコ州には五二六〇ヘクタールもの自然保護区があるが、その中に四ヘクタールの「緑の墓地」が設けられた。そこでは墓地の使用料の半分が自然保全に使われる。埋葬と自然の管理を費用も含めてリンクさせたシステマティックな方法を設けた点は、アメリカならではかもしれない。

韓国・国主導で樹木葬地を推進・制度化

　欧米の樹木葬が並んだが、じつはアジアでも広がりを見せている。日本だけでなく、中国、台湾、韓国……と東アジアで大きなムーブメントになっているのだ。

　たとえば中国では樹木葬のほか、芝生葬、壁葬、花葬、海葬などの名前で自然の中の埋葬や、散骨が増えているようだ。

　一九九〇年代の初頭、中国東北部遼寧省の瀋陽にある棋盤山で遺骨を土に埋め、植樹する樹木葬が初めて行われたという。この山はあまり木々のないはげ山だったが、この埋葬が徐々に広がり、現在は樹木葬によって植えられた木は二〇万本以上となった。おかげで約四〇ヘクタールも緑化されたそうだ。ほかにも埋葬地を芝生で覆う芝生葬や、遺骨を花と一緒に土に埋めて、さらにその上に花を植える生花葬も行われている。それらは、やはり自然環境を守れるうえに、安く済む墓だとうたわれている。

特筆すべきは韓国だろう。すでに樹木葬を制度化し、国が主導して推進しているからだ。そこで、韓国の樹木葬の動きを追いかけてみよう。

樹木葬に目が向けられたのは、一九九〇年代に入ってからだという。そのきっかけは、墓地不足だ。背景に土地問題があったのである。

韓国の葬墓文化について触れておきたい。韓国では、仏教のほかキリスト教の信仰も広がっているが、墓や埋葬に関してもっとも強い影響を持つのは儒教であり風水の思想である。李氏朝鮮時代より「抑仏崇儒」が行われて儒教を重んじてきたが、儒教は火葬ではなく土葬が一般的だった。そして先祖供養の儀式が盛んなことが特徴だ。

墓も土饅頭型をしていて面積を取る。一部では広くて豪華な墓をつくることが先祖に対する供養であり、自らの富を世間に示せるという風潮が強まっていた。

土葬の墓は、風水の関係により森林の中に設けられた。ただし墓の周りから樹木をなくすのが慣例だった。樹木の根が埋葬された遺体を害するとされたのである。だから墓が増えることは、森林が減少することを意味する。つまり墓地の開設は、直接的な自然破壊につながってしまうのである。

そのため政府は「国土の効率的利用」をうたって、二一世紀に入ると葬墓政策を改めて「葬事等に関する法律」（葬事法）を全面改定した。そして火葬の奨励と納骨施設の整備を進めて、墓地面積の制限と設置期間の有期限化も行った。

さらに宗教団体や市民団体にも意識の改革を迫った。メディアも、そのキャンペーンに加わった。その報道によると、韓国の一人あたりの墓地面積は住居面積の三〜四倍以上で、全土の約一％を占める。しかも毎年約八・五平方キロメートルずつ増えているのだという。ちなみに韓国の国土面積は、一〇万二一〇平方キロメートルだ。

こうした展開のおかげで、火葬率は二〇一一年で七一・一％まで上がった。

だが新たな問題が発生した。火葬場や納骨施設の建設に地域住民の反対運動が強まったのである。実際に各地に乱立した納骨堂や納骨墓は、それなりに広い敷地を持っていて、しかも石材でつくられるため新たな自然破壊を引き起こしていた。

その結果、納骨施設以外の焼骨の埋葬方法を考えねばならなくなった。そこで新たな埋葬法として注目したのが、樹木葬なのである。新しい埋葬法であるものの、遺骨を自然と同化させる発想は、韓国の伝統的な葬送に沿っているとされたからだ。

二〇〇四年九月には、高麗大学農学部長の金樟洙《キムチャンス》教授の埋葬が樹木葬で行われた。これが韓国最初の樹木葬とされる。金氏の遺言により、彼が生前大事にしていた京畿道陽平郡にある樹齢五〇年のブナの木の下に散骨された。墓標の代わりに、幹に「金樟洙おじいさんの木」という札がかけられた。なお、この例のように韓国の樹木葬は、遺骨を埋めずに地表に撒くケースも含む。その後も著名人が樹木葬を行うことで、韓国では樹木葬の認知度が上がっていった。今や国民の八割が樹木葬について知っているという。

そうした動きの中で、政府の保健福祉部と山林庁は、樹木葬の調査のためにスイス、ドイツ、イギリス、フランス、そして中国と日本も視察した。この際、日本では知勝院を訪れたようだ。すでに紹介してきたように、樹木葬と言っても国ごと、いや同じ国の中でも主宰者によってずいぶん流儀が違う。知勝院のように焼骨を埋葬した上に樹木の苗を植える形式のほか、スイスやドイツのように森そのものを利用して既存の樹木の周辺に埋葬するもの、イギリス、そして中国でも見られるように森林にこだわらない樹木葬もある。また、スウェーデンの「森の墓」（スコーグスシュルコゴーデン。二〇世紀初期に整備されたストックホルム郊外に建設された森に包まれた墓地。世界遺産にも登録された。墓石はあるが、林内に散骨も行う）も広い意味では樹木葬に近い。

韓国にも、これらの形態の樹木葬がそれぞれ広がってきたが、政府がもっとも望ましい形として推進することにしたのは、スイス・ドイツ式であった。

韓国では、制度として「自然葬」「樹木葬林」という用語を使っている。自然葬は、日本のように散骨を指すのではなく、骨粉・遺灰を樹木や草花、芝など土の下に埋葬することだ。地表、水面などに撒くのではなく埋める。一方で樹木葬林とは、自然葬の行える区域と規定されるが、同時に「埋葬によって山林資源の造成および管理」する土地としている。その点からは、墓地の樹林化ではなく山林に埋葬する葬地なのだろう。

政府は二〇〇八年に再び葬事法を一部改正し、樹木葬を含む自然葬を推奨する制度を整えた。すでに近年の統計では、樹木葬（自然葬）の割合が一四％になっているという。

二〇一三年の時点で、樹木葬墓地の数は八六四か所あるそうだ。その中で国営の樹木葬林に触れておきたい。

それはソウルから東へ一二〇キロメートルの距離にある国有林に設けられた「ハヌル森追慕園」である。二〇〇九年五月にオープンした。実際の運営管理は、山林組合中央会が委託を受けて行っている。これは五年ごとの更新だそうだ。なお山林庁は、管理のためのガイドラインをつくっている。

国有林約五七八ヘクタールのうち約一ヘクタールが樹木葬林の区域で、七つにゾーニングされた。園内の樹木のうち三〇～四〇年生のチョウセンゴヨウやクヌギなどを埋葬木として選んでいる。樹間は約六メートル開けていて、四〇〇本ほどある。平均樹高は一四メートルだというから、そこそこ大木に見えるだろう。ただ直径によって等級が付けられ、使用料も変わる。もし埋葬後に枯れたら、樹高二メートル以上の木を植え替える規定がある。

使用期限は最初は一五年で、その後一五年ずつ三回延長できる。つまり希望すれば六〇年までの使用が認められているわけだ。ただ規定では、事前予約や売買を禁止している。つまり樹木葬を行うのは本人の希望による生前契約ではなく遺族の選択になるわけだ。もっとも八〇歳以上の老人や脳死者に関しては事前予約できるともある。

なお「追慕園」からの収益は、国が二〇%、受益者が八〇%の比率で分配される。

すでに記したとおり、韓国には民間でも樹木葬が広がっているから、様式はさまざまだ。しかし国がモデルとしての樹木葬林を設定したことで、今後は「ハヌル森追慕園」の形式が普及していくのではないか。

少し古いが二〇〇五年に全国民を対象に行った『樹木葬に対する国民意識調査』によれば、樹木葬に対する賛成率は五二・四%に達したという。おそらくその後も伸び続けているから、現在では国民の大半が樹木葬に賛成しているものと思われる。

一方で山林庁は「全生涯山林福祉体系」を打ち出し、「お母さんのお腹の中から墓まで山林で幸せを探せる」サービスを提供する構想を表明している。森の胎教プログラムから自然の中で教育を行う「森のようちえん」や「森の体験教育」、そして登山やレジャーとして山林空間に親しむほか、健康増進や精神的な病、リハビリなどに効果的とされる森林療法、そして死を迎えた後の樹木葬まで生涯にわたって山林と関わる福祉サービスの構築をめざすそうだ。

いずれにしろ国が主導する形で、樹木葬は大きく展開されている。そこでも自然環境の保全と再生が大きなテーマなのである。

第4章　森をつくる樹木葬を訪ねて

気がつけば、世界中で広がってきた樹木葬。改めて日本に目を戻すと、知勝院が始めた後に全国で開園する寺院の墓地や霊園は増えている。ただ、必ずしも知勝院の千坂氏が掲げた「自然再生」を目的とする埋葬形式が広まったわけではない。

そこで各地で樹木葬を行っている墓地を訪ねてみることにした。訪問地を選ぶ基準は、主宰者に自然環境を保全する、あるいは健全な状態に再生する意図があって、森づくりになんらかの寄与をしているところである。先に分類した中の森林型樹木葬だ。

樹木葬に対する考え方や実施する流儀は主宰者によってさまざまであってもよいが、自然環境への配慮が感じられない墓地は、ここでは対象としない。また石墓の霊園を手広く展開する一角に樹木葬墓地をつくった、いわば埋葬メニューの一つに加えただけのところも外した。樹木葬に対する理念が弱いと感じるからである。

逆に石板・石塔などの墓標があっても、自然の中に溶けこむような配置ならばかまわないことにした。その点は、欧米の「緑の埋葬」と同じだ。

だが、そうした条件を付けると数は少なくなってしまった。おそらく樹木葬とうたう墓地全体の一〇分の一程度だろう。なお、まだ樹木葬墓地は開設していないが、熱心に取り組んでいる人々の動きにも触れたい。

それでも実際に訪ねて樹木葬に熱い思いを持つ人の話を聞くと、みんな興味深い人生を歩んでおり、その中でさまざまな思いを育ててこられたことがわかる。それがたまたま樹木葬という形で表に出たと感じた。

だから一口に樹木葬と言っても、日本の場合は同じ括りで論じるのは難しいかもしれない。それでも、新たな埋葬法について考える一助になるのではないか。

まず訪ねたのは、知勝院に続いて二番目に樹木葬を行った天徳寺である。

受け入れ制限しつつ、緑地づくり・天徳寺（千葉県いすみ市）

「最初に思ったのは、『墓を無くしてしまえばいい！』でした。墓石なんか建てずに、遺骨を地面にそのまま埋めるだけにすれば、誰も悩まないんじゃないかと」

というのは、千葉県いすみ市の天徳寺の二神成尊住職。なぜ仏教離れ、寺嫌いが増えているのかを考える中で行き着いた思いだった。一般人が寺と関わるのは葬式と墓参が圧倒的に多い。なかでも墓をどうするのかに悩み、何かにつけて高い金を払わねばならないことが嫌気を誘っていると思い至ったのだ。

そんなときに知勝院が行った樹木葬をニュースで知った。

「なるほど。埋めるだけなら味気ないが、そこに樹木を植えたらいいんだ」と思いついた。そこで、さっそく知勝院の樹木葬墓地へ視察に行く。千坂嵃峰氏が迎えてくれて説明を受けたが、

「関東圏は墓地の法律（条例）が厳しいから、難しいかもしれませんね」と言われたそうだ。

墓地開設の条件は、都道府県ごとに違う。たしかに周辺の合意や区画づくりなど厳しいところもある。それでも二神氏は挑戦するつもりだった。

「じつは、天徳寺は条件に恵まれているんですよ。寺の敷地として五町歩（ヘクタール）以上の山林を所有しています。近隣の土地の所有者も、たいてい檀家さん。だから合意は取り付けやすいと思っていました」

しかも地元の役場の当時の霊園担当者は、たまたま檀家の一人だった。そのおかげか檀家を集めた説明会でも、樹木葬とは何かという説明に力を注いだものの、明確な反対意見は出なかった。むしろ「今後、寺の設備が傷んで修理の必要などが出たら檀家の皆様に寄付をお願いしなくてはならない。しかし樹木葬で外から人を呼びこむことができれば負担を減らせる」という点が大き

天徳寺の二神住職。自ら重機を操る

く響いたようだと笑う。

　地理的な条件もよかった。樹木葬墓地の敷地は現在拡張しているが、それでも全部合わせて九〇〇〇平方メートル程度。その周りを寺の山林が取り巻いている。だから墓地そのものが外部から見えないし、周辺の土地所有者と隣接することもない。

　そこで住職自ら、寺の裏側のスギ林と竹藪を伐採して、樹木葬墓地の敷地を整備した。県や市の関係諸氏も手続きを「いかにしたら許認可を出せるか」という発想で話を進めてくれたので比較的苦労は少なかった。

　そして二〇〇四年七月に六〇区画を用意してオープンした。また桜葬の区域もつくった。こちらにはヤマザクラを植えて、その周辺に数多く埋葬する区画をつくった。

広報としては、インターネットに寺のサイトをつくって載せただけである。それでも、ぽつりぽつりと申込みがあった。当時はネットで「樹木葬」と検索すると、祥雲寺（知勝院）の次に天徳寺が出てきたからだろう。

「まだ、関東にうちの寺だけしかなかったから自然と注目を集めたのでしょうね」

半年で一九件が成約した頃、千葉新聞の取材を受けた。記事になると反響を呼んで多くの見学者が押し寄せ、契約する人も増えた。さらに朝日新聞、読売新聞の千葉版にも記事になった。

あっと言う間に成約数は二〇〇件を超したという。こうなると埋葬区画をつくるのが大変になる。今は申込みがあっても年間二〇件に絞っている。その点については後述する。まずは天徳寺と二神氏の歩みを少し追ってみよう。


天徳寺は、千葉県の外房、いすみ市大原の近郊にある。鉄道もバスも交通の便はよいとは言えない。しかも高台にあり、入り組んだ田舎道を登っていかねばならない。周辺にはなだらかな里山と谷地田《やちだ》が広がっていた。

ただ創建は九五七年と古い。平安中期だろうか。当時は真言宗だったと伝わるが、室町時代後期、つまり戦国時代に火災で焼け落ちた。その後再建されるが、これを機に曹洞宗に替わったという。火災以前の文献がないので詳しいことはわからないが、二神氏は曹洞宗になってからの二九代目住職である。

二神氏は、熊本県出身。熊本大学大学院で社会学を学び、社会福祉と環境問題の分野をテーマにしたという。対象は水俣病だ。現地を訪れ多くの問題に触れる中で、仏教に興味を持ちだした。

卒業後は、生協に勤めた。食の安全を求めて地域ごとに班をつくって共同購入する運動が広がっており、この仕事を通じて地域の共同体を再生することができないかと思ったのである。しかし、徐々に消費者側から共同購入よりも個人への宅配を求める声が高まっていき、これでは物販だけで共同体づくりに結びつかないと感じ始めた。

そんな悩みを持つ中、三〇歳で出家。曹洞宗総本山の総持寺で修行する。仏教ボランティア団体で東南アジアなど海外の支援活動も始めた。ただ実家が寺でない者は、拠点となる自分の寺がなかなか定まらない。三つほど寺を渡り歩きつつ、自分の思うような仏教活動を行えるところを探していた。

そうした頃に紹介されたのが、天徳寺だ。当時の住職は八〇歳を超えていた。副住職としてしばらく勤めた後に、前住職は引退して寺を引き継ぐことになった。二〇〇二年、二神氏が四〇歳のときである。

当時の檀家数は一五〇軒程度で、寺を維持するのは非常に厳しい状況だった。またわずかに石墓があるものの、それはこの地を出た人が郷里につくる墓であり、地元の人はそれぞれの集落に共同墓地を持つから、霊園経営も行っていない。

そんな環境の中で、天徳寺の樹木葬は始まったのだ。

天徳寺は山林を持つと記したが、それはスギ山と竹藪だった。もともとは雑木林と萱場だったが、戦後檀家によって植林が進められたという。

「もっとも、当時は補助金が出るから植えただけで、その後は放置したようですね。木材生産の意図はなかったようです。檀家の皆さんが寺の裏山にスギを植えては、受け取ったお金で酒を飲んで楽しんでいたと聞いていています」

そのため、お世辞にもよい木があるとは言えない。高さ一〇メートルを超すスギなのに、ほとんど頭頂部しか枝葉がない有様だ。密植したままで混んでいるから下方の枝は落ちたのだ。そこにタケが侵入していた。

そんな山を伐り開きながら樹木葬の区画をつくり始めた。ほぼ住職一人の作業だという。たまに伐採などに慣れた檀家の人が手伝ってくれる程度だ。

「自然の変化を見ながら、ゆっくりと手を入れているんです。業者に頼むと短期間に行いたがるので。だから、契約者を増やすつもりはありません。申込みがあっても、まずは断る（笑）。ほかにも樹木葬をやっている寺はあります、と紹介して、それでもこの寺に、という人と契約して

埋葬地に育つ樹木

います」

現在は、一区画に二人以上の埋葬予定の人に限って受け付けている。一人の場合は、桜葬を勧めていたが、その区画も満杯で今は休止状態だ。そこで新しいサクラを植えており、こちらの木がそれなりの大きさに生長したら、再開する予定である。

樹木葬の区画は二メートル角。基本的に遺骨をさらし布に包んで埋葬する。約一メートルの深さまで掘るそうだ。そこに寺が用意した樹木を植える。その樹木は、あらかじめ寺で苗を取り寄せて栽培したものだ。しばらく置くことで、この土地に馴染むかどうかを確認する。現在落葉樹を中心に約四〇種二〇〇〇本くらいあるそうだ。

ただ遺族の中には、故人の好きな樹を持ちこみたがるケースもある。とくに多いのはハナミズキなのだが、これは外来種である。本来は望まないが、無碍《むげ》には断れないのが実情だ。また園芸品種の草花を区画の中に植える人も多い。それも本来は禁止なのだが、黙認している。ただ大きく育つ樹は断るし、また横に伸びる枝は寺側で剪定することにしている。もし枯れた場合は、寺側で植え替える契約だ。

「外来種はよくないかもしれませんが、あまり自然保護の原理主義的になってはいけないと思います。遺族が癒しを得るようにするのが務めですから。それに日本の自然も、永い歴史の中で外来種を受け入れてきたんですからね。また園芸の草花は、根付くことは少なくていつか枯れて消えます」

なおレンガなどの人工物を区画内に置くことは認めていない。

生前契約すると年会費を納めるが、亡くなって埋葬されると必要なくなる。ただし同じ区画に家族も入りたい場合は継続して払わねば権利はなくなる。また墓参する際に、任意で樹木葬墓地管理協力金を納めるようお願いしている。

現在は第三区画まで広がったが、山林内に点在させている。墓標として植えた樹木が育てば、周囲の森と一体化するだろう。

ペットも埋葬可の区画もつくっている。飼い主と同じ墓に入れてやりたいという要望は多い。そこで地下水がほかの区画に流れこまない場所を選定した。やはり動物を一緒に埋葬することを喜ばない契約者もいるからである。

さらに二神氏は、寺の周辺の土地を購入している。山林はすでに十分あるのだが、房総特有の低い台地の合間に谷地田が入っており、そこが放置されているからだ。谷地田とは、谷間の低地に開かれた水田だが、現在は湿地となっている。

購入した土地は墓地にするのではない。山林と一体化して公園にする構想を持っている。そのため伐採したスギ丸太を利用して木道を入れたり、谷には橋を掛けたりしている。また樹木葬墓地全体を見渡せる展望台も建てた。

「いつか入場料を取れるような植物園にして、それで山を維持していきたいと思っています。墓も三三回忌をすぎたら、そのまま森に戻すつもりです」

なお樹木葬の契約金とは別に寄せられる寄付などで「天徳寺慈しみ基金」をつくった。この基金で、インドとバングラデシュに二人の活動員を送りこんでいる。現地のＮＧＯと連携して、おもに売春をさせられているネパール人女性の救出や児童教育を支援する活動を行っているそうだ。

樹木葬だけではなく、その事業を通じて、さまざまな活動を展開しているのである。

無住寺復興と自然学校の起爆剤・真光寺（千葉県袖ヶ浦市）

JR品川駅前から高速バスに乗った。バスはすぐに首都高速に入り木更津へ。当然、東京湾アクアラインを通る。もっとも「海ほたる」や車窓の風景をゆっくり楽しむ間もなく、袖ヶ浦バスターミナルに着いた。

バス停に迎えに来ていただいたのは、瓦谷山真光寺の椎野靖浩氏。

ここから車で寺に向かったが、その道すがら聞いたところ、椎野氏は僧侶ではなく寺の職員だった。とくに樹木葬墓地の運営担当者なのである。以前は、造園の設計技師をしていたという。彼は千葉大学園芸学部の出身。植物学や造園を専門に学んでいるから、樹木葬を手がけるには向いているかもしれない。しかし寺が専門職員を抱えていることに驚いた。

さて、たどりついた真光寺は、袖ヶ浦市の中でも結構山間部にある。周りの山は低いながらも細かな尾根と谷が入り組んだ地形で森と田畑が広がっていた。

大きな山門をくぐった。もっとも山門の左右に壁はなく、開放的だ。奥には仏殿や書院などの伽藍が並んでいる。堂と回廊に囲まれたところは砂利に水が張られて、山水を表わしている。ただ、いずれの施設も新しい。

真光寺は曹洞宗だが、一五五六年に鷹山厳召大和尚によって開山された。現在の岡本和幸住職は第二三代にあたる。岡本住職は、もともと東京四谷の東長寺に勤めていたが、真光寺を再興するために赴任した（一九九四年。当時は東長寺の執事）。

それまでの真光寺は、無住で荒れ果てていたそうだ。本堂も幽霊屋敷状態だったという。だから住職自ら本堂の修理のため大工仕事を手がけていた。

「真光寺は、二〇〇六年に開創四五〇年を迎えて、その記念事業として寺院全体の整備を行いました。樹木葬もその一環です。なお伽藍が完成したのは二〇一二年でした」

この四五〇周年記念事業では、東長寺から借り入れを行い、山門や本堂などの修繕・建築を進めた。また裏山の整備も行った。これほど立派な伽藍を建てただけに、四億円以上かかったそうだ。親寺からの借り入れと言っても、返済のためには収益事業が必要である。

真光寺は、もともと広い山林を所有していたが、寺の衰退時にほとんど売り払われて、残っているのは竹藪と化した裏山だけだった。昔は牧草地だったそうだが、長く放棄されて照葉樹とタケが繁茂していた。その傾斜地をどのように利用するか考える中で浮かんだのは墓地経営だが、すでに内房に霊園はたくさんある。首都圏の人口を当てにした開発が進んでいたのである。だから通常の墓地では、需要が期待できなかった。そうした思案の中で提案されたのが樹木葬だったのである。

樹木葬の墓地としての認可は、二〇〇六年。幸い檀家から反対の声はなかったという。ただ当初は新聞広告で樹木葬墓地の開園を告知したが、あまり反応はなかった。そこでバス見学会を催すことにした。ちょうど「終活」という言葉が流行りだした頃だった。

これは東京駅と千葉駅から樹木葬墓地の見学希望者をバスで真光寺まで招くものだ。必要なのは昼食代だけ。毎月開いているが、参加者は五人から二〇数人程度だという。

そのおかげで契約者が増え始め、その後テレビでも紹介されるなどして一気に知られるようになった。

さっそく墓地を案内していただいた。

切り開いた寺の裏山は、約三〇〇〇坪。隣接して比較的なだらかな土地があるが、全体に斜面である。

まず山門の向かいに「桜の苑」があった。サクラが何本か植えられている。種類はヤマザクラやソメイヨシノなど幾種類かあるが、すでに樹高は五メートルくらいに伸びている。またハナモモもあった。その間に瓦を敷いた歩道がある。

こちらは合葬墓である。大きな石がシンボルとして置かれているが、その下に遺骨を埋葬している。

その奥に広がるのが「森の苑」。こちらが本来の樹木葬墓地だ。

郵 便 は が き

料金受取人払郵便

晴海局承認

9791

差出有効期間
平成28年 9月
11日まで

104 8782

905

東京都中央区築地7-4-4-201

築地書館 読書カード係 行

お名前	年齢	性別	男・女
ご住所 〒			
電話番号			
ご職業（お勤め先）			

購入申込書 このはがきは、当社書籍の注文書としてもお使いいただけます。

ご注文される書名	冊数

ご指定書店名 ご自宅への直送（発送料200円）をご希望の方は記入しないでください。

tel

読者カード

ご愛読ありがとうございます。本カードを小社の企画の参考にさせていただきたく存じます。ご感想は、匿名にて公表させていただく場合がございます。また、小社より新刊案内などを送らせていただくことがあります。個人情報につきましては、適切に管理し第三者への提供はいたしません。ご協力ありがとうございました。

ご購入された書籍をご記入ください。

本書を何で最初にお知りになりましたか？
□書店　□新聞・雑誌（　　　　）□テレビ・ラジオ（　　　　　）
□インターネットの検索で（　　　　　）□人から（口コミ・ネット）
□（　　　　　）の書評を読んで　□その他（　　　　　　　）

ご購入の動機（複数回答可）
□テーマに関心があった　□内容、構成が良さそうだった
□著者　□表紙が気に入った　□その他（　　　　　　　　）

今、いちばん関心のあることを教えてください。

最近、購入された書籍を教えてください。

本書のご感想、読みたいテーマ、今後の出版物へのご希望など

□総合図書目録（無料）の送付を希望する方はチェックして下さい。
＊新刊情報などが届くメールマガジンの申し込みは小社ホームページ（http://www.tsukiji-shokan.co.jp）にて

真光寺の樹木葬墓地入口

真光寺の樹木葬で特徴的なのは、埋葬と植樹が連動していないことだ。先に樹木は植えられているのである。寺側が最初に樹木の植栽計画を立てている。

「ちゃんとした森に仕立てるには、高木や低木の配置や樹種を考えて行わないといけません。その作業は寺側に任せていただいて、先に植樹しています。それらの樹木の周辺に埋葬していただく方式を取っています」（椎野氏）

これは知勝院の樹木葬ともっとも違う点かもしれない。埋葬によって里山再生につながる樹木を植えるのではなく、最初に将来の森の姿を描いて植えておく。その中には高木に育つ樹種も花を咲かせる低木もある。

現在の墓地はまだ若木が多く、さほど樹高に差は出ていないが、将来は高木と中低木が交ざった複層的な森になりそうだ。この植え込みの間に、およそ三〜五平方メートルの区画が切られ、契約時に場所を選ぶ。その区画には一人でも家族何人でも埋葬できる。

なお区画に墓石ではなく、石のプレートが置かれる。「縁の碑」と呼ばれているが、御影石に埋葬された人の俗名などが刻まれる。見て歩くと、なかにはペット（イヌ、ネコ、そしてウマ）の名も含まれていた。

基本的に三三回忌まで寺側で法要が営まれ、その後は「森の苑」にある総墓に合葬する計画だ。そして整地し直す。まだ開苑してから年数が経っていないため、将来像は十分に見えていないが、樹木葬墓地として繰り返し利用されることになる。

ところで真光寺は、もう一つの事業を行っている。上総《かずさ》自然学校だ。こちらは寺の敷地ではなく、地域で展開する里山再生事業である。

場所は、寺から少し離れた低い山々の尾根筋と七つの谷が織りなす六〇ヘクタールほどの土地。この中に谷地田や畑、山林が入り組んでいる。かつては耕作放棄が進んだり、残土で谷が埋められたり、土取りで崩された谷や山になっていた。場所によっては背丈以上の草木に覆われて足を踏み入れることもできない状態のところもあった。

真光寺の樹木葬。埋葬場所に樹木は植えない

ところが調査のため招いた動植物の専門家によって、希少な動植物が多く存在していることを指摘され、二〇〇四年から真光寺による里山再生事業をスタートした。

まず竹林を伐り払い、次に田んぼの復元もめざした。草刈りだけでなく、野放図に生えていた樹木も引き抜き、そのうちトラクターも購入して本格的な農作業を行うようになり、上総自然学校の名称で活動するようになる。青年海外協力隊出身者など専門に担当する人も雇うほか、ボランティアの参加者を募っている。

その後森林ボランティア団体が参加して森林地帯でも整備活動をするようになった。土地も、地元の人々の提供で徐々に増えていく。

訪れたときは、ちょうど田植えが終わったときだった。なだらかな棚田は、放棄地だったところをみんなで開墾したという。苗が植えられた水面に空の雲が映っていた。そして畦の草刈りに忙しそうな若者の姿があった。都会から子どもたちを呼びこんで、種蒔き、畦塗り、田植えに草取り、そして稲刈りなどをイベントとして行うらしい。

寺では「里山米」を販売していた。上総自然学校で採れた米である。無農薬で育てていて、ちゃんと残留農薬と放射線検査も行っているという。収益は、上総自然学校の活動費に充てられる。樹木葬で直接自然再生を行うというよりは、樹木葬で得られた資金の一部や人脈を利用してボランティア活動を展開しているわけだ。真光寺と自然との関わりは、樹木葬だけでなく、上総自然学校の活動も含めて見るべきだろう。

宗教性を弱めたNPO法人で運営・東京里山墓苑（東京都八王子市）

東京里山墓苑は八王子の郊外にある。周辺は丘陵地になっており、農地や雑木林が広がる間に曲線を描いた里道が延びていた。東京にもこんな風景が残されていたのか、と思わせる風景だ。

その一角に寺らしくない建物がある。煙突があるのは、薪ストーブを備えているからだろうか。

見たところ保養地の別荘のようだ。これが日蓮宗の延寿院である。

その隣に休憩所のような施設があり、東京里山墓苑はその奥の山にあった。手前は普通の石塔の並ぶ墓だが、その裏手に文字通り雑木林のような一角がある。そんなに広くはないが、周辺にも同じような雑木林が広がっているので溶けこむかのようだ。秋だったので、地面は落葉に覆われていた。

そこかしこに木の角柱があった。それは契約された区画で、実際に埋葬されているところは、小さな木の五輪塔のようなものが落葉の間から見えた。埋葬には木製の骨壺が使われるが、その蓋の上の部分なのである。そして木のネームプレートがある。

すでに樹木は植えられていて、埋葬ごとに植樹するのではなく、木々の合間にロープで区切られた区画を分譲する方式だ。まだ樹木は小さいが、これが生長したら、森の木立の中に埋葬したようになるだろう。

なお樹木葬の区画とは別に、ペット用合葬墓もあった。ペットと一緒の埋葬を希望する人もいるが、必ずしも契約者全員が動物を人と同じ場所に埋葬することに理解があるわけではないので、分けているそうだ。また樹木葬ではないが、無縁者の合葬墓もつくられている。こちらは延寿院が無縁仏の引き取りを行っているからである。

延寿院は江戸時代中期の享保年間に創設された由緒あるお寺だが、住職の及川一晋氏が赴任したのは一九九六年で、その頃は檀家数も八〇しかなかった。ただ及川氏は、新宿の常円寺の執事長を務め、また学生の奨学援護や留学生の受け入れなどを行う公益財団法人日蓮宗奠統会《でんとうかい》でも事務所長に就いている。延寿院は、どちらかというと常円寺の別院のような位置づけになるのだろう。

この墓苑は、NPO法人ロータスプロジェクトが運営している。その理事長は及川氏が兼務する。

東京里山墓苑の設立に尽力したのが、NPO法人ロータスプロジェクトの事務局を務める白石亘氏だ。宗教法人ではなくNPO法人が樹木葬を手がけているのは、珍しいケースにあたるだろう。そこで、白石氏の話を中心に紹介しよう。

白石氏は、もともとデザイナーだった。ファッション系も手がけていたが、インターネットが普及しホームページの需要が高まると、ウェブデザイナーとしてデザイン事務所を立ち上げる。経営は順調で社員を五人抱えるまでになった。

「もともと企画を立てるのが好きで、まだ世間であまり知られていない動きを手がける事業をやりたいんですね。ウェブデザインだけでなく、中国の紹興酒が日本に知られていない頃に輸入ビジネスを手がけたり、保険会社にコールセンターの立ち上げを提案して実際に運営したこともあ

東京里山墓苑

ります」

ところでウェブデザインの仕事は、最初の頃は風俗業界や寺院、そして葬儀社の仕事が多かったという。ところが葬儀社のサイトを手がけているうちに不思議なことに気づいた。誰もが一番知りたいはずの葬儀の値段の資料がないのだ。発注元に問い合わせると、「載せてはダメ」と言われる始末だ。ようするに価格は遺族の懐具合をうかがって決めるのだ。ある意味、伏魔殿である。

当時は、まだまだ派手な葬儀が主流であり、遺族も大きな葬儀を行うことがよい供養とする風潮があった。

その点に疑問を持ち始め、葬儀社と交渉してみた。なかでも最大手の葬儀社にその問題をただすと、このままの状態がよいとは思っていないという。すでに世の中では葬儀業界に対して批判的な目が向けられるようになっていた。また派手な葬式を好まない遺族も増える傾向にあった。高齢化の進展や核家族化は、参列者の少ない葬儀にならざるを得ない。白石氏の問いかけがきっかけとなって、社内に新規事業を手がける企画室を立ち上げるので、それに関わってくれないかと誘われた。

しかし、単に企画室の立ち上げを手伝うだけでは面白くない。どうせやるなら現場の仕事も経験したいと伝えた。またデザインの仕事と掛け持ちでは中途半端になりかねないと、悩んだ末に事務所を離れて正式に葬儀社に就職したのである。

そして葬儀の現場に入って葬儀の執り仕切りも行う。人が亡くなると駆けつけて遺族にも向き合った。そのうえで企画室の運営も兼任して「価格のオープン化」や「生前契約」「家族葬」「エンディングノート」などを提案していく。その中で散骨や樹木葬の存在を知り、海洋散骨を事業化した。各地の港湾から散骨を行う船の手配などをシステム化したのである。

そこで感じたのは、葬儀業界の二極化だ。クラシックな派手で高額な葬儀がある一方で、密葬（家族葬）など小さく地味に行うことを望む層が増えている。それどころか東京では葬儀をしないケースも多かった。火葬場へそのまま運ぶ直葬の割合が、すでに三割を超えているのだ。

しかし、派手な葬儀はイヤ（あるいは経済的に難しい）な反面、何も儀式をしない直葬も辛いという遺族も少なくない。白石氏は、あまりに葬儀の選択肢が少ないことが気になって、もっと多くの提案があってもよいのではないかと考えだす。

そこで最初に企画したのは、故人のために記念樹を植える葬儀である。東京都に街路樹の「マイ・ツリー〜わたしの木〜」という事業があるのを利用したものだ。これは「緑の東京募金」のメニューのひとつとして創られたもので、東京に街路樹を増やすため市民から寄付を募るものだ。単なる寄付と違って、寄付金で植えられた街路樹を「マイ・ツリー」と指定できる。一本一万円（中木）と五万円（高木）のコースがあって、そこに樹名と寄付者の名前やメッセージを記入したプレートが付けられる。

この事業を遺族に紹介して、故人の記念に街路樹を植えませんか、と提案したのである。

この企画は好評を博したという。そして、街路樹を植えることから樹木葬へと連想が働いた。埋葬することで森をつくることができないか？

そこで樹木葬墓地の設立を山林を所有する会社などに提案した。なかには興味を示す事業体もあったが、本気で墓地を運営する覚悟があるように思えない。

その頃、白石氏は葬儀社を辞職する。もともと長く勤めるつもりではなかったのだが、三年半勤めて、だんだん興味は葬儀から墓に移ってきた。樹木葬を運営したいという思いが強まり、葬儀社から離れて新たな事業として行おうと決めたのである。

そして八王子周辺の自然関係の市民団体を訪ね歩いた。活動内容は森林ボランティアから農業まで幅広かった。八王子に地縁があったわけではないが、東京の里山ということでターゲットにしたのである。

訪れてみると、八王子に雑木林はたくさんあったが、クマザサに覆われて荒れ放題の山が目に入った。やがて「畦ッ子元気クラブ」という団体に所属した。子どもや大人が自然体験などができるよう田んぼや雑木林の手入れを行うところである。自ら森林整備に取り組んだのだ。

そうした活動をしながら、樹木葬を行える寺院を探した。そこで知り合ったのが延寿院の及川住職である。話すと自分のイメージとぴったり合う。住職も、延寿院としての墓地経営を考えていたそうだが、一方で仏教界は社会と接点をもっと持つべきだと感じていた。なかでも森林保全に興味を持っていた。そこで一緒にNPOを設立する。それがロータスプロジェクトである。二〇〇八年のことだった。

このNPOでは「お寺を地域に開かれた交流の場にする」というのがコンセプトで、寺でフリーマーケットを開いたり、農業体験会を開催したりするが、その一環として里山保全と樹木葬に取り組むのである。

延寿院の敷地は約一ヘクタールあった。雑木林に覆われた典型的な里山だ。ただしクマザサが繁茂して木々も密生している。そのうち三アールくらいが墓地にできるという。そこで全体を伐り開き、そこにシンボルツリーとしてシダレザクラを植えた。さらに造園業者と相談しながら地域の植生を考えて植えていく。

区画は、植物の生長を見ながら順次つくっていくことにした。周辺の里山が借景になるよう工夫しているそうだ。その里山を森林ボランティアが整備していく。

「樹木葬の募集は、宗教が前面に出ると抵抗を持つ人も多いので、NPOの職員として私が、まず説明します。生前契約すると墓苑に会費を納めてもらいますが、それはロータスプロジェクトに委託されて、NPOの活動資金となるわけです。延寿院からの寄付もあります」

問い合わせは、インターネットを見て来る人が多い。また地元限定のチラシを入れることもあるが、問い合わせがあるとどこへでも出向いて樹木葬について説明している。ただし本人がその場で契約したいと思っても、家族と相談するよう勧めている。周囲の納得がなければ実現は難しいからだ。

契約するのは八王子の人が七割を占めるそうだが、海外からも問い合わせがあった。親の墓地として選んだようだ。ちなみに三三年間を区切りとしている。

区画は、六〇センチ×八〇センチで二人用。全部で四五〇区画あり、縄を張って分けている。誰が契約・埋葬されているかはパソコンで管理する。すでに三分の一が契約された。

生前契約すると、まず多摩産のスギ材の木柱を置く（仮契約では倒しておき、本契約すると半分埋めて、頂き部に名前を記す）。埋葬後にネームプレートがほしければ、木の札を設置するようにしている。

また木魂《こだま》と名付けた骨壺もつくった。スギ材を器にして、骨は粉にして入れる。蓋に五輪塔を模しており、埋葬時にその部分を土の上に出す。ほかに手元供養用の小さな卵形の器もある。ただ手元供養器に遺族はあまり反応しないそうだ。どうやら自然に還せば、手元に遺骨を残そうと思う人は少ないらしい。

葬儀の儀式は、まず「ごあいさつ」（宗派を問わないため、このように表現する）してから読経が行われるが、これは日蓮宗のもの。その後の儀式では宗教色を消している。焼香もしないが、代わりにシロツメクサの種子を蒔くことにした。この種子は育てるのではなく、撒くという行為を儀式化したものだ。

管理は、ときおり草刈りする程度。近隣の人が散歩していたり幼稚園の遠足で来ることもあるという。墓参りも、紅葉や新緑の季節に来る人が多い。お参りと同時に自然を楽しんでもらいたいそうだ。

ちなみにＮＰＯ法人が墓地の運営をするが、墓苑そのものは寺の所有だ。仮にＮＰＯがなくなっても墓地は維持されるから継続性を担保している。

「樹木葬を求める人は特定の宗教や宗派、寺院の檀家になるつもりの人はほとんどいませんから、お寺が直接運営するよりＮＰＯが間に入ったほうが警戒心を解くことができて向いていると思います。ここの樹木葬の運営形式をどんどんまねて同じような墓地ができてほしいんです。多くの土地で樹木葬墓地が生まれたら、墓地とその周辺が整備されて、里山保全も進むでしょう」

古墳もある境内で森づくり・醫王寺《いおうじ》（兵庫県福崎町）

樹木葬とは、「自然に還る」埋葬法だ。後世に残る石塔などを設置しないことが原則だろう。ところが訪れた兵庫県福崎町の醫王寺には、「後世に残る」墓の最たるものと言えなくもない古墳があった。こんもり土が盛り上がっており、そこに石積みで囲まれた口が開いている。覗くと、ゴツゴツした自然石を積み上げた玄道が数メートル延びていた。少なくとも千数百年は経ているだろう。

説明板によると「町指定文化財」で、神谷《こだに》古墳と名付けられている。墳墓は一辺二〇メートルほどで、横穴式の石室は奥行き一一メートル。外からの見た目ではわからないが二段構造になっているそうだ。七世紀前半の築造と推定されている。方墳（四角い古墳）は、この地方では珍しいらしい。この地域は円墳ばかりなのだ。残念ながら土砂の流入が見られるほか、盗掘にあったのか、出土遺物や埋葬品は見つかっていない。

厳密な調査は行われていないそうだが、この地域を支配した有力人物の墓と目されている。樹木葬を行う寺に石を積み上げた古墳というのは、妙な気分にならないではないが、自然の風景に溶けこんでいて似合うように感じた。ちなみに肝心の樹木葬墓地は、この古墳の裏手に広がる。

「子どもの頃は、この古墳によく潜って遊んだものです。昔は〝きつね塚〟と呼んでいましたが、あんまり墓だと感じていませんでしたねえ」

と言うのは、醫王寺の松尾貫秀住職。

「醫王寺は天台宗で、法道仙人が開基したと伝わる古刹です。本尊は薬師如来脇立日光と月光菩薩、十二神将も安置しています。おそらく平安時代の作と言われますが、寺の歴史を語る文献は何もありません」

法道仙人とは、六～七世紀にインドから渡って来たとされる伝説上の仙人だ。陰陽道にも通じ、兵庫県播磨の国で活躍して数々の山岳寺院を開創したという。醫王寺がその一つかどうかはわからないが、歴史があるのは事実のようだ。

ただいつの頃からか無住になったようで、松尾住職の三代前の祖父が寺に来るまでの来歴はよくわかっていない。檀家もないという。法事もなく、みんな村の集落ごとに共同墓地を持っているので、寺の墓地もない。歴代山主の墓があるだけだ。ただ無住の時代に地元の「後藤家」が寺を守っていたということで、その墓はある。そのほか戦死者を祀る碑もあった。

醫王寺の境内にある神谷古墳

「昭和二年に祖父が寺に入ったようですが、当時は寺が農地を持っていてそれを地元の農家に貸し出すなどして収入を得ていたようです。ところが終戦後の農地解放で、ほとんどを小作人に分け与えたために土地もなくなりました。天台宗は勝手に寺の土地を売ったりできない決まりがあるため、生活は困窮して、父は働きに出ることになったようです。私の母も和裁をして生計を立てていました。私も高校卒業後は働きに出ることになりました。寺の仕事と両立させるため、比較的昼間の時間が自由になれる三交替制の工場です。妻も勤めてくれて寺を支えていました」

寺の行事としては、兄弟寺の法要など

に出かけることが多い。ほかお花まつりや施餓鬼法要、地蔵盆、それに写経や座禅などの会も開く。また山野草の栽培や自然木などクラフトの会を催して、その展示会などを寺で開くこともある。ある意味、つましく寺を維持してきたのである。

じつは、この寺を取材する際は、ちょっと心配していた。醫王寺が樹木葬を行っていることは、以前よりインターネットのサイトで発見していたものの、不思議なほど地味なのだ。さらりと樹木葬とは何かを記しているが、詳しい説明はされていない。とくに更新もされていないようだ。そこでほかの手段で広報しているのかと探ったが、何も見つからない。樹木葬を森づくりにつなげていることはわかったが、さほど宣伝していないように感じた。

樹木葬を始めるとなれば、まず必要なのは広報だろう。何より新しい試みであり、埋葬などの方法はもちろん、その意味するところを詳しく説明しないと一般の人には理解できない点もあるからだ。

もしかして休眠状態なのかもしれない……と疑った。しかし直接電話して内容を確認したら、ちゃんと受付しているという。そこで取材をお願いした次第だ。

場所は、中国自動車道を福崎インターで下りて十数分のところだ。とくに山深いところではなく、周辺には集落があって、田園風景が広がっている。ただ寺に近づくと、周りは森に囲まれていた。

何がきっかけで樹木葬を始めることになったのだろうか。

「じつは一〇年ほど前、台風で寺全体がえらい被害にあったんです。庫裏《くり》も傷みましたが、寺の敷地内の森が荒れ果ててました。それをなんとかしなくてはならない、というのがきっかけです。もともと寺の裏の土地は農地解放後も寺に残されたのですが、かつては小作人に貸し出して畑にしていました。やがて耕さなくなって返却されたときに、スギやヒノキ、クリを植えたようです。でもその後放置されたのですごい藪になってしまったんですね。足を踏み入れる隙間もないほどの状態でした。

そんな大木が台風で根こそぎ倒れたんです。すると根の下からたくさんの骨が出ました。また五輪塔も出てきました。畑にする前は、墓だったんです。当時は土葬で、埋葬年代は何百年間にまたがっているでしょう。それらの骨や遺物を、まとめて供養しました」

倒木はようやく片づけたが、その跡地をどうするか悩んだ。できることなら美しい森に仕立てたいと思う。しかし費用もない……。

そんなときに樹木葬のことをテレビか何かで目にした。埋葬時に木の苗を植えることで里山を再生して美しい森にするのだという。これだ、と思って岩手の知勝院を訪ねた。その際は住職と会うことなく見学させてもらったそうだ。

ほかに京都の樹木葬墓地も見学した。こちらは石材店が始めたところだった。その二つを参考にして樹木葬を始めることにした。ちなみにこの寺の裏山の地目はもともと墓地だったことから、許認可に関しては何の問題もなかった。

どうやら古墳から始まって、この土地は代々墓地だったようだ。戦後の一時期は農地になったが、再び樹木葬地として墓地に戻されたことになる。

さて、樹木葬の敷地を案内していただいた。

わりと平坦だ。一度は農地になっていたから、整地が進んでいたようだ。切り開いた周りは、今も竹林とスギやヒノキが茂っている。そしてイノシシ避けの柵が巡らしてあった。

更地になったところを一メートル四方に区切って約一〇〇か所の区画をつくった。合葬墓もほしいという意見が出たので、沙羅双樹と菩提樹を植えてその周辺に埋葬できる敷地もつくった。

二〇〇五年に開園したときに、業者に頼んでホームページをつくってもらった。ごく簡単なものだ。それを私も見たわけだが、その後は更新もしていないから、質素なままである。その後、宣伝は一切していないという。

最初の契約者となったのは、妻の兄だった。それも勧めたのではなく、たまたま知って申し込んでくれたのである。一年後の二〇〇六年に死去して埋葬された。

それから二年間は、誰も契約しなかった。二番目は、大阪からサイトを見たという人だった。それからポツポツと見学者がやってくるようになり、契約が増えてきた。基本的にはサイトを閲

埋葬されて日の浅い墓

覧して来るほか、契約者の口コミだそうだ。この五年間で約四〇人が契約した。大阪が多いものの岡山、広島、名古屋、和歌山、地元に近い高砂や加古川、播磨が増えている。合葬墓は東京の人が一人だけ入った。生前契約だから、まだ埋葬はそんなに多くないという。

特徴的なのは、見学に来るのは、一か所だけではなく各地の樹木葬を見て回っている人が多いことだ。森のある樹木葬を探し続けて醫王寺に行き着いた人も少なくない。

契約した人は、その区画を自由に使える。区画内なら何人埋葬してもよいし、植える木も自分で選んで持ちこむ。ただしソメイヨシノは遠慮してもらう。大きくなるし、毛虫が発生するからだ。自分で苗を用意しない人には、こちらで造園業者に頼んで調達する。ただ、松尾住職は寺内に山野草園をつくっている。希望すれば、その山野草を譲ることもあるという。こちらは無料だ。草だから樹木のように長く生長し続けることはないが、それでよいという人も少なくないそうだ。

一般に植えられるのは、ヤマボウシやモミジなどが多い。自分でガーデニングのようにいろいろな種類を植えている人もいる。墓参りも自由に来て、そのたびに何か植えていく人もいる。枯れたら寺で植え替えるそうだ。なお外来種は本当は困るのだが、規制はしていない。ハナミズキを好んで植える人が多いそうだ。私が訪れたときも、すでに高さ三メートルほどに生長した木もあった。

「まず現地を見てもらって契約するのが基本です。電話だけというわけにはいきません。ほかに契約時の条件は、親族家族にも了解してもらうことですね。契約後は、亡くなって遺族が遺骨を持ってきたら、すぐ埋葬できます。葬式も希望があれば当寺で行います。三回忌法要も行います。なお管理料もなし。三三回忌までの法要はしますが、その後はそのまま森に戻します」

契約金額は通常の樹木葬よりもかなり安いと感じた。利益を上げる気持ちは薄いようだ。それでも、これまでの契約金で本堂を修復したという。

「新たに墓地経営を始めるとか、新しい埋葬法を普及させようとかいった気持ちではなく、寺の周りに森を復活させるために考えたものです。だから現在の敷地が埋まったら終了です。周辺の土地を購入してまで広げようとは思いません。あと数年で埋まるでしょうが、私も七〇歳を超えましたから、森になった先のことはあまり考えていません。寺の後継者は本山から来るでしょうが、その人に将来は任せたいと思っています」

じつに恬淡《てんたん》としているのであった。

樹木医のいるバリアフリーの墓地・正福寺（鳥取県大山町）

大山《だいせん》がよく見える。米子市からほど近い田園地帯の中に、曹洞宗の金華山正福寺はあった。想像していたのと違い、驚くほど平坦な土地だ。

周りは、わずかに点在する人家を除くと、ずっと田畑が広がっている。これまで訪れた樹木葬の寺はみんな山の麓に位置していたから、意外な気がした。寺の敷地は一〇〇メートル×一〇〇メートル、つまり一ヘクタールだという。そこに本堂と庫裏があるが、その周囲は庭のようだった。

しかし、その奥には巨木が並ぶ。ケヤキやシイ、それにカキなどが目に入ったが、なかには胸回りの直径が一メートル近くある木が文字通り林立していた。その周囲にはツバキなど照葉樹がびっしりと茂る。現在の巨木の数は、ざっと十数本。多くは敷地の境界線部分に並んでいるが、かつては敷地一面に茂っていたという。まさに巨木の森だったのではないか。

「大木も多かったですが、真ん中あたりは竹藪だったんです。モウソウチクが茂って大変な状態で、スギなど樹木が立ち枯れしている状態でした。それを一掃するところから始めました」

そう語るのは前住職の渡辺大修氏。約四〇年間住職を続けてきたが、二〇一〇年に弟子の山見道俊和尚に住職の座を譲り、自分は樹木葬専門の担当になっている。

現在の墓地は、樹木葬の区画のほか、桜葬墓苑、バラ墓苑、また沙羅双樹と菩提樹を植えた墓苑も造成した。また観音菩薩像のある永代供養合祀墓（合葬墓）もある。わずかながら石墓の区画もあるが、ここには歴代住職などが眠るという。

正福寺は曹洞宗で、本尊は薬師瑠璃光如来。当初は霊鷲山祇園寺という天台宗の寺だったが、一六八四年に曹洞宗に転じた。ただ明治期の火災で記録類は焼失し、詳しいことはわからない。境内で発掘調査が行われ、平安末期から室町時代にかけての屋敷跡が見つかっている。この地域は、守護大名だった名和一族の領地だから、その関係の豪族の屋敷があったのだろう。二重三重になった土塁と壕の跡は残る。またその前は藤原氏の荘園があったようで、そこまで遡ると非常に古い歴史を抱える土地だ。

渡辺氏は、住職として一〇代目。父も住職だったため、渡辺家としては二代続いたことになる。住職に就任したのは二九歳のときだった。

「しかし、住職だけでは食べていけません。引き継いだときの檀家は一二〇軒ばかりでしたから経営は厳しかったのです。そこで勤めに出ました。住まいも米子に移して、週末や法事のときに帰ってくる生活を続けていました」

まだ両親が存命だったので、寺の維持はなんとかなったのである。ちなみに子どもは三人いるが、みんな外に働きに出ている。

この地域では集落ごとに墓を持っているので、寺の墓地というのはなかった。歴代の住職の墓があるだけだった。

境内の森を整備して樹木葬墓地をつくろうと考え出したのは、定年を迎える頃だった。勤めを辞めたら、寺の専従になれるからだ。そこで最大の課題が、今や本堂を圧迫するほどに広がってきた竹林の始末である。

子どもの頃は、寺の境内はもっと整然としていたし、堀の役割を果たしていた周囲の川で泳げるほどだった。しかし、もはや境内を歩くことも不可能なほどの藪になり、川もその陰になっている。この状態をなんとかする手段として、樹木葬を取り入れることを思いついたのである。

岩手県の知勝院が樹木葬を始めたことは報道で知っていた。すでに世間では墓の継承問題が広がっていたが、その解決になるうえ、自然に還る墓の魅力や宗派などに縛られない自由な形式に惹かれる思いもあった。

しかし周りは田園風景なのに、なぜここだけ森が残ったのだろうか。もともと寺は田畑をかなり広く持っていた。しかし戦後の農地解放で農地は小作人にみんな分けてしまったそうである。そこで寺の境内と、ほかに地目が山林である土地が幾か所だけ残されていた経緯がある。

ほかの地域の樹木葬墓地の視察はしなかったが、桜葬を行う東京・町田のエンディングセンターの墓地は訪問した。現在、桜葬はエンディング・センターが商標登録しているが、その前から行っていたということで、正福寺でも桜葬という呼称を使っている。

まず寺の裏の竹藪の整備を始めた。業者に伐採を依頼するが、二年三年と続けないとタケは根絶できない。一度伐採しても、翌春にはタケノコが生えてくる。地下茎を全部掘り出すのは難しいので、毎年駆除して力尽きるのを待たねばならない。

問題は、この寺の敷地全体が中世の豪族屋敷の遺跡だと町に指定されていることだ。そのため安易に掘り返すことは禁じられている。そこで一部には約一メートルの盛り土をしたそうだ。埋葬では、だいたい数十センチ掘る程度である。

桜葬を行うために桜も数本植えた。サクラの種類は、ヤマザクラのほかヤエザクラやシダレザ

正福寺は平地にあり、墓苑内を車椅子でも回れる

クラ系を幾種類か交ぜている。

また地目を墓地に変える手続きも始めた。これはどこも同じだが、まず檀家、そして近隣の土地所有者に了解を取り付けなくてはならない。檀家の総代に樹木葬について説明して、それを各集落の檀家に伝えてもらう。さらに各集落に足を運んで説明することを繰り返した。最終的に了解を取り付けてようやく申請できたのである。樹木葬に反対するというより、樹木葬そのものを理解してもらうのが大変だったそうだ。

また鳥取県の墓地開設規則では埋葬区画をしっかり示さないといけなかったため、当初から厳密に敷地を区分けした。樹木を植える区画のほか、桜葬の区画も最初からロープを張って決める。区画は、第一期の場所は地形の関係で一・五メートル×一・四メートルとなった（第二期は一・五メートル四方）。桜葬も、サクラの樹の周りに個別の区画をつくって埋葬する。そこは五〇センチ四方にした。

またばら墓苑をつくるためにアンネのバラの苗を植えた。アンネのバラとは、「アンネの日記」で知られるアンネ・フランクに捧げられたバラの品種である。広島県福山市にあるホロコースト記念館から寄贈されたのだ。こちらは花壇のようになっているが、その周辺四〇センチ四方を埋葬地として分譲する。

さらにサラソウジュ（沙羅双樹）をシンボルツリーとする沙羅墓苑もつくった。こちらは樹木の周りに埋葬する形式で、芝生を張ってある。

さらに聖観音菩薩象を建立した観音樹木墓苑もある。これは既存の石墓のある区域の周りにツバキやウメなど花木を植えた墓苑だ。なお寄進された聖観音菩薩像を建立して永代供養合祀墓もつくっている。こちらは単独でも埋葬できるが、樹木葬と併せたり、あるいは他所の墓地から分骨されたりして納められる。

このように準備を進めて、勤め先で定年を迎えて寺に戻って来ると同時に樹木葬墓地を開園した。

開園時は、地元の新聞などが記事にしてくれた。また地元紙と広島の新聞に小さいながらも広告を出したという。インターネットのサイトも自分でつくる。さらに現地見学会も開いた。すぐに三〇～四〇件の問い合わせが来たという。結局、最初の年に七九の契約があった。ただし、これは永代供養合祀墓も含む。

「今は時折、新聞やラジオ、テレビなどの取材を受ける以外は特別なことはしていません。やはりネットを見て来る人が多いですが、口コミも増えています」

年平均で約三〇件の契約が行われている。最初に開いた区画では足りなくなり、徐々に敷地全体に広げている状態だ。樹木を植える区画は約三六〇あるが、バラ墓苑や合葬墓も含めるとキャパシティーは一〇〇〇件くらいになる。

樹木墓苑では、基本的に契約者は区画内に何を植えてもかまわない。また何人埋葬してもよい。なかには夫婦、親族も含めて三人四人と入っている区画もある。ただしペットの遺骨は周辺の区画契約者が嫌がるケースもあるので遠慮してもらっていて、別に埋葬場所を設けている。

植える樹木は、近隣の造園業者が斡旋することになっている。やはり花木が多い。サザンカ、ツバキ、ウメ、シデコブシ、シャクナゲ、なかにはキンカンやアンズなど実のなる種も交ざっている。外来種でも断らない。一番人気はハナミズキだそうだ。

断るのは、桜葬があることからサクラ。そのほかこの土地で育たないと見込まれるもの。たとえばドウダンツツジの中でも赤い花を咲かせるものは、海に近いこの辺りでは育たないので遠慮してもらっている。

もともと植える樹種にこだわるつもりはなかったのだが、想定外の樹木を植えられることも多い。このまま全部の木が育つと、どんな森になるかわからないのは誤算だったという。ただ区画が決まっているので、あまり大きく生長させるわけにはいかない。そこで定期的に剪定をして大きさを調整している。横幅は区画をはみ出さないように、高さも二メートルくらいに抑えている。植えられた樹木を枯らさずに、大きく育たないように管理していくのはなかなか大変な作業となるだろう。枯れた場合は、寺の責任で植え替えるそうである。

基本的には、花木を提供する造園業者の意見を取り入れているが、次男の嫁である渡辺智子さんが二〇一四年二月に樹木医師の資格を取得した。取得するよう、渡辺氏がお願いしたのである。というのも、もともと彼女の祖父が庭師。そして彼女自身も大学は農学部出身なのだ。卒業後は生花店に勤務して、庭園管理士やグリーンアドバイザーの資格を取っていた。樹木医は、その延長上の資格と言えなくもない。

「でも、切り花と根付きの樹木はまったく違います」(渡辺智子さん) そうで、まだまだ勉強中とのことだが、現在は墓苑の管理担当者だ。

なお敷地はほぼ平坦で、道も比較的幅広く入れたおかげで、車椅子でも通行できる。それが足の弱った高齢者には喜ばれるそうだ。墓参りはいつ訪れてもかまわない。墓地は年中開放してい

樹木医の資格を持つ渡辺智子さん

る。しょっちゅうやって来る人もいれば、ここに骨を納めた後は一度も来ない人もいるそうである。

「管理費は要りません。埋葬後はすべて寺の責任で樹木管理を行っていきます。価格も低めに抑えましたが、これで利益はあまり出さないという思いからです。ただし、本堂の修理を樹木葬の契約金で行えたのがよかった」

ごく稀に遺族が改葬を求めるケースもあるそうだが、一度埋葬したら骨は土に還ったという理念から断っている。こうした点については、細かく規約をつくっておいた。

契約者は東京から沖縄まで全国にわたる。やはり広島や岡山、関西圏などの都市部に多い。ただ徐々に地元に近くなってきて、島根県の松江や鳥取県の米子の人も増えてきた。契約者の年齢は四〇代から七〇代。女性が積極的だそうだ。樹木葬を選ぶ理由は、やはり「墓の継承に不安がある」が一番多い。加えて宗派や家族制度から自由であることを求める人も少なくないと感じている。

現地視察してすぐに契約したがる人もいるが、一度は帰ってよく考えてもらうそうである。本人の気持ちだけでなく、家族などとよく話し合わないと後々揉めることもあるからだ。

ところで、樹木葬の期限は三三回忌まで。その後はどうするのか。じつは、この点が正福寺の特徴的なところなのである。

三二年後、樹木は別の土地に植え換える予定だという。

正福寺は境内以外に所有する山林が幾か所かある。農地開放から外れて残された土地だ。いずれもそんなに遠くなく、しかも寺の敷地と変わらない平地だ。ただ、ものすごい藪になっている。

私は、そのうちの一つを見せてもらったが、遠目にも巨木が林立した深い森だった。近づくと、木と木の間にもびっしりと草木が茂っていて、踏み入るのも簡単ではない。おそらく寺の境内も、かつてはこんな状況だったのだろう。広さは全部合わせると二〜三ヘクタールくらいになるそうだが、周りが田園の平地に、これだけの森が残されているのは不思議な気がした。

「ここも将来的には整備したいので、三三回忌を迎えた樹木をこちらに植え替えることできれいにしていきたい」というのが渡辺氏の思いだ。

ここを次の樹木葬墓地にしたらよいのではないかと思うのだが、

「境界線が確定されていないため、地目を変更するためには隣接地の所有者との協議や測量も必要だし、周辺の了解を取り付けなくてはなりません。また埋葬の区画割を全部しようとすると、大変な手間がかかるでしょう」

この残された山林を樹木葬墓地にするための手続きや実際の開墾・整地作業、さらに区画割を考えると、こちらを樹木葬墓地にするより樹木を移植する場にしたほうがスムーズに行えると渡辺氏は考えている。

これは全国の山林にも言えることだが、土地の境界線が確定していないところは非常に多い。しかも相続手続きを行っていないために所有権が分散して事実上利用できない山林が増えている。とはいえ、最初に樹木葬を行った墓が三三回忌を迎えるのは、まだ二〇年以上先である。そのときを迎えたら、そのときの住職が考えるだろう。

この樹木葬墓地はどちらかというと庭園型かもしれない。しかし、荒れた森林を整備する目的があったことと、今後の樹木管理の仕方は興味深い。

生前に植樹して五〇回忌まで・宝宗寺（山口県萩市）

山口県萩市。と言っても、幕末の志士たちを生み出した長州藩の城下町からは少し離れた山間部に宝宗寺はあった。現在は萩市だが、かつて福栄《ふくえ》村と呼ばれた地域である。

寺は、幹線道路から少し外れて小高い位置にある。近くの集落の村寺だそうで、檀家は五〇軒ほどと少ない。この数では、寺の維持は難しいだろう。ただ寺歴は約四〇〇年を誇る曹洞宗の古刹である。なぜか樹木葬を行っているお寺には曹洞宗が多い。

本堂には木喰仏《もくじき》が二体安置されていた。木喰上人の晩年の作として知られている。木喰上人は、江戸時代中期の甲斐の国出身。特定の寺院や宗派に属さずに全国を遍歴した遊行僧で、訪れた先で木彫の仏像を彫ったことで知られる。その数は一〇〇〇体近いとされるが、そのうちの二つなのだ。

一体は不動明王、もう一体は延命地蔵だが、どちらも損傷が激しい。腐朽したのではなく、削られているのだ。とくに地蔵菩薩の顔はほとんど跡形もない。また手の一部にも削った痕跡がある。どうやら仏像を削った粉を煎じて飲むと功徳があるという信仰があったらしい。おかげで表情をうかがうことができないのは残念だ。ただ木喰仏は、みな柔らかい笑顔なのが特徴だ。おそらく、この像も笑みを浮かべていたのだろう。

さて宝宗寺の三上隆章住職は萩市大井にある寺の出身。つまり宝宗寺は故郷のお寺なのだが、とくにこの寺と縁があったわけではない。若くして仏教の道に入った後は、関東から福岡市、長崎県の佐世保市、そして旧福栄村の山奥の寺を回り、紆余曲折を経て宝宗寺に赴任したのである。

話をしていると、現在の仏教界に対する批判が次々と出る。

「日本の坊さんは酒を飲みすぎる。夜の街を徘徊してばかりだ」

「寺に住んでわかったのは、寺が『仏教を布教するところではなくなった』こと」

「仏教とは何なのかを真剣に考えて僧侶の道を選んだ人が、今のお寺にどのぐらいいるのだろうか」

「寺がダメになった理由は、檀家制度にある。しかし檀家というものは遅かれ早かれ、なくなってしまうだろう」

……と現代の日本の仏教のダメな状況とその理由に熱弁を奮う。非常にストイックであり、改革意欲を感じさせられた。

では、なぜ樹木葬を始めたのだろうか。

一つは、やはり荒れた裏山をなんとかしたかったからだそうだ。本堂の裏に小高い丘があり、そこも寺の敷地なのだが、雑木と巨大なタケが生い茂って人が分け入ることもできないようなブッシュになっていた。そんなときに、知勝院の樹木葬を知った。この方法で裏山を整備できるのではないか、と思ったという。知勝院にも連絡を取ったが、自分なりにどのような樹木葬にするかを考えた。

また仏教には、人は自然に生かされている、という考え方が根本にある。だから「遺骨を自然に還す」樹木葬は、本来の仏教に合っていると感じたそうである。

「ただ、もう一つの動機として檀家制度に一石を投じたい気持ちがありました」

樹木葬は、古いしきたりに縛られている地域社会に新しい〝動き〟をもたらすかもしれない。たとえそれが墓地という限られた分野であっても。

三上住職は、徹底して改革志向なのである。

もっとも、樹木葬墓地を立ち上げるまでには大変な苦労があったそうである。荒れた山の整備には人手も必要だ。幸い、もっとも大変な時期に開墾を手伝ってくれたのは檀家の中で土木経験のある人だった。その後、ちょうど退職して時間に余裕のあった弟を呼び寄せて整備を頼んでいる。

じつは、今もまだすべての山の整備を終えたわけではない。樹木葬墓地に隣接した未整備の山の部分を見せてもらったが、これは手強いな、と思わせた。樹木とタケが絡むように生えていて、本当に人が中に入るのを拒んでいるようだ。しかもタケの太さは、直径二〇センチくらいある。

宝宗寺の三上住職

ちなみにこのタケは、節間を加工して骨壺として使ってもらうようにしている。これに遺骨を詰めて埋葬するのだ。

もう一つ難航したのは、地元の了解と行政の許認可である。

住民に樹木葬とは何かを説明しても、十分にわかってもらえない。ただ檀家の人々の墓はすでにあるうえ、予定地が寺の敷地内であることから、絶対つくるな、という反対はなかったようだ。それに檀家だけで支えられる寺の経営状況になかったこともある。

本当に大変だったのは行政の認可だった。山に遺骨を埋葬するのが法律に触れないかという点を心配したのである。また墓地区画の明確化や排水路の整備をするよう要請されたが、そこまでするとと大ごとになるため断ったそうだ。

ようやく墓地として開園したのは、二〇〇四年だった。幸い、樹木葬を始めるということは地元のテレビや新聞に大きく取り上げられた。またインターネットに宝宗寺の樹木葬のサイトを立ち上げた。

これらが反響を呼び、徐々に希望者が集まってきた。

私も現地を歩いてみた。裏山は、さして高くはないが思っていたより急斜面だった。それでも細い道が全体に開削されていて、その両側に埋葬区画が設けられていた。契約するのは半径一メートルの円形にしているそうである。隣の区画と明確に区切らず、間には余裕がある。

契約したら、まだ生きている間に自分の気に入った樹木の苗を植えることを勧めている。そのほうが木に生まれ変わるイメージを自分で持ってもらえるからだ。苗は、寺で取り寄せて用意する。なかには草花を植える人もいるそうだ。

見て回ると、植えられた苗の大きさはさまざまだ。契約数は、ざっと二〇〇。まだ敷地の半分くらいだろうか。

また尾根沿いにサクラが植えられている。ここは桜葬の区域とした。サクラは大きく育つので、通常の樹木葬エリアと分けているが、個別の埋葬と合葬の二種類を設けた。

樹木葬の期間は五〇年にしている。五〇回忌を迎えた後は、そのまま森に戻す予定だ。なお毎年、供養祭を開くほか、契約者の総会も催す。時に東京まで呼ばれることもある。契約者と密に結びつきを保っているのだ。

まだ山林部分は余裕があるから、今後も伐り開けば墓地の拡張は可能だろう。最近は、各地から樹木葬を行いたいので教えてほしいという依頼が舞いこむ。内容を十分に吟味して、納得できるものだったら応援していくそうである。

樹木葬としては、日本でも知勝院に続く早い時期に開設している。天徳寺と同じ年だ。みんな改革意欲の強い住職によって始まったという点は、日本の樹木葬の一つの方向性を示しているか

宝宗寺の竹の骨壺

もしれない。

高原の木立の中に開設・眞宗正信教会（熊本県産山村）

九州のど真ん中とも言える熊本県産山村。阿蘇山のやや北側に位置して大分県とも接している山村だ。ここに森をつくる樹木葬をやっているお寺がある。

その名は、眞宗正信教会。寺としては変わった名称だが、頭に眞宗がついている通り、浄土真宗（大谷派）に属する寺である。

この寺をつくったのは、現在の井周以知《いしゅういち》住職の父である。大分県の寺で副住職をしていたが、故郷に帰り新たに寺を開く決意をした際に、地元有志に寺院をつくってもらったという。元役場だった古い建物を寄付してもらい移築したのだ。言われてみれば、建物の形が一般の住居や寺院らしくない。

そのときに父は檀家をつくらない、信徒に寄付を求めない、という理想を掲げた。地元に負担をかけないという思いからだが、経営的にはきわめて厳しい選択だ。理想のコミュニティーづくりをめざしたのだろう。そして正信教会と名付けた。

さて、この寺で樹木葬を始めるきっかけには、井住職の人生が大きく関わっている。少し長くなるが、その足跡を追ってみたい。

井氏は産山村に生まれ、中学校まで村で過ごした。高校は現在の阿蘇市に下宿して通学した。やがて大学に進学したくて東京に出た。とはいえ仕送りはなかったので、自分で生活費と受験費用を稼ぐつもりで、二年間は新聞配達員として勤めた。金が貯まると早稲田大学文学部を受験して入学が決まった。一九六八年のことだった。

この年を聞けば、同じ世代の人なら気づくだろうが、当時は大学紛争が激化していた。フランスの五月革命やチェコスロバキアの「プラハの春」、ベトナム戦争の影響を受けた反戦運動、そして学費値上げ反対などをきっかけに多くの大学でストライキが頻発していた。学生が機動隊と激突した新宿騒乱事件も起きた。

だから、せっかく入学した大学なのに授業はろくになかった。そんな状況に絶望して、二か月で大学に行かなくなる。授業料も払わなかった。督促状はずいぶん来たが、放置したのでいつの間にか放校処分になったのだという。やがて全共闘運動に参加するようになり、読書会でマルクス主義を学ぶ。今でいう〝過激派〟の活動分子となっていた。

「友人を訪ねて行った先で、敵対するセクトに追いかけ回されたこともありますね。でも当時は、そんなやり方が世界を変えると思いこんでいたんです」

だが、成田闘争が始まった頃にはセクト間の内ゲバも酷くなり、熱も冷めて運動から抜けた。

それから何をすべきか迷う中で、言葉だけの主義主張の飛び交う世界からリアルな社会に入ってみたいと思い始めた。

そこで勤め先に選んだのが業界新聞社だ。最初は塗料業界で、半年後には編集長になっていた。この世界は社員の入れ代わりが激しく、数か月でベテラン扱いなのである。

その後総会屋雑誌の編集にも携わる。そこでは株主総会前に企業を回って〝協賛金〟を受け取る役割も担った。まさにリアルな社会の裏側を体験したのだ。さらに編集より広告のほうが金になるとわかり、広告代理店に移り、自ら広告をつくるようになった。

「最初はカラオケ機器の広告を担当して、テレビコマーシャルもつくりましたよ。かつて裏金を受け取った企業の関わる協会のポスターをつくった記憶もあります」

やがて独立して井事務所（Eオフィス）を開設する。企業の情報誌や講演会企画などをやっているうちに、プランニング、そしてマーケティング分野へと仕事の幅を広げた。

やがてバブル経済期に入ると、一〇分刻みで打ち合わせが入るような仕事ぶりだった。当時は「一本の企画書で五億円を稼ぐ」とうそぶいていたという。従業員も多く雇い、フリーのクリエイターを五〇人以上動かして仕事をこなしていた。一方で八ヶ岳に七〇〇〇万円の別荘も所有。バブリーな生活を送っていたのである。

やがてバブル景気は崩壊したが、企業と密接な人脈を築いていたため、仕事に困るようなこと

眞宗正信教会の井住職

はなかった。

人生の転機となったのは、親友と思っていたデザイナーの自殺だった。さらに仕事仲間が立て続けに二人自殺した。そのときに気づいたのだが、みんなバブル崩壊後は行き詰まっていたらしい。自分は順調すぎて気づかなかった。そして相談も受けなかったことがショックで鬱症状に陥った。

頼ったのが仏の道だった。浄土真宗系の「東京国際仏教塾」に顔を出し始めた。セミナーに通うなどして、人生を見つめ直すようになった。やがて勧められるままに得度《とくど》する。さらに刑務所など矯正施設で受刑者に向き合う教戒師の資格も取った。

ようやく心も落ちつきかけた矢先、肺気腫になった。当時はヘビースモーカーだったためだろう。そこで病院でステロイドホルモン治療を受けると、ひどい副作用に襲われた。顔がパンパンに腫れ上がるなどして苦しむようになり、再び鬱になってしまう。

さらに二〇〇七年には大腸ガンが発見された。手術したもののリンパガンを再発……。死と向き合う日々を送った。

病状が落ち着いた頃、産山村にいる高齢の父母の介護が必要になった。父は耳がほとんど聴こえなくなり、母は認知症だった。最初は月一回程度故郷に通ったが、帰省の際に父とともに法事もこなすようになって寺を継ぐ選択肢を考えるようになった。

とはいっても、家族でUターンはできなかった。妻も実家の母親の介護を抱えていたからだ。そこで仕事を整理して、別居して介護する決断をする。

まったく家事をしたことはなかったが、幸い、幼なじみたちがいろいろと協力してくれた。そして両親ともに見送った後も故郷に残ることにしたのである。

ただ産山村では収入も布教活動の核もない。檀家はいないし信徒も五〇世帯くらい。そこで思いついたのが樹木葬だった。これなら地域外、とくに都会の人を呼びこめるのではないか。

もともと樹木葬については知勝院のニュースで知って、興味を持っていた。仏教塾の勉強会で話題にしたこともある。そこで帰郷する前から村民に呼びかけてみた。ほとんどの人が半信半疑

スギの木立ちの残る樹木葬墓地

だったが、一人積極的に協力してくれる人がいた。

幸い山林も手に入れることができた。かつて焼畑をしていた山林と、別の寺の所有林を分けてもらったものだ。スギとヒノキの人工林だが、放棄されて年月が経ち荒れていた。面積は、約〇・七ヘクタールある。

肝心の墓地の認可を取るのが大変だった。最初は散骨と間違われ、骨をばらまかれるのはイヤだという声が強かった。説明会を開き樹木葬について説明して村民は納得してくれたが、村はなかなか同意書を書いてくれなかったという。幸い県の担当者が樹木葬に対して理解があり、その協力で認可が取れた。

まず墓地とする山林まで道を入れるとともに、雨天の際に避難するあずまやをつくった。それが認可の条件になっていたからだ。さらに間伐を進めて藪状態の山林を大胆に伐り開いた。この作業には幼なじみたちが協力してくれた。村人はみんなチェーンソーを持つし、技術もある。伐採した木を利用して炭焼きまでしたという。

山がすっきりしてくると、周辺の山林の所有者が、せっかくだから同じような景観にしようと間伐を進めてくれた。

ただし樹木葬墓地の敷地は、スギやヒノキを全部伐採するのではなく、大木をまばらに残した。おかげで木立の中に埋葬区画がつくられている。夏は涼しいそうだ。

私も訪れると、墓は木陰にあった。これまで訪ねた樹木葬墓地では、いったん全部樹木を伐採したところに植えることが多かったが、少し景色が違っていて、いかにも森の中の墓地という雰囲気が漂っている。スギの間に埋葬時に植えられた広葉樹が点在する。うまく育てば、針広混交林になるだろう。

開園したのは二〇一〇年八月。ところが地元新聞社は樹木葬説明会の記事の掲載を拒否したという。当時は樹木葬について疑問を持っていたらしい。そこで人づてで説明会の開催を広めてもらい人を集めた。

申込みはすぐにあった。以前、ガンと闘病しつつ住職を務めることが新聞の記事になったが、その際に「樹木葬をやりたいと思っている」と語っていた。その記事を記憶している人が参加してくれた。そして最初の四人が生前契約する。

そのほかホームページをつくるなど最低限の告知は行っているが、基本的に口コミを頼りにしている。それでも申込みは絶えないそうだ。

一方で生前契約した人々が集まるイベントを催している。法要の後に墓地の前でバーベキューをするなど、結構な賑わいになってきた。それを楽しみに参加する人々も増えてきた。今後は、村の米や野菜などを契約者やイベント参加者に販売する活動も行いたいという。村の産物を買ってもらえたら、村にとっても恩恵があるし、契約者も生前からこの地に愛着を感じてもらえるだろう。

またこうしたイベントの開催が地元紙に紹介されて、それを読んだ人が樹木葬を申し込むケースも出てきた。

契約者は、やはり熊本市など県内が多いものの、九州一円、なかには広島市の人もいるという。なおペットと一緒の埋葬も認めている。そのおかげで宮崎から遺族が契約したケースもあった。遺言にペットの遺骨と一緒に埋葬してくれとあったが、どこの墓も認めてくれないため可能なところを探していたらしい。

なお樹木葬で植える樹種は、中学時代の同級生が庭木の苗屋をやっているので、そこから提供してもらっている。九州と言っても産山村は標高も高く、冬はマイナス一〇度まで下がる。耐寒性が高い木々の苗でないと育たない。外部から持ちこんだ苗では育たないことが多いという。

選ばれる樹種は、ヤマザクラやモミジ、ヤマボウシが多い。モミジザクラも植えた。外来種やソメイヨシノなど園芸品種などは候補に入れていないが、故人が庭で育てていた草花を遺族が移殖するのは認めている。墓地を歩くとカトレアなど園芸草木もあった。

「遺族に無碍に『植えるな』とは言えないですね。でも、外来種などは根付かないと思うんですよ。基本は自然に任せておき、いつか淘汰されて、残るのはこの地に適した在来種になるんではないかと思います」

なお事前にヤマザクラを二本植えて、桜葬エリアもつくった。ここは周りの木を広めに伐採している。そして区画をつくったが、三メートル四方の家族区画と、一メートル四方の個人区画を設けた。

契約では、個人区画の希望が多いそうだ。夫婦でも別々の区画を選択する。一緒に現地を訪れているのだから仲が悪いわけではないだろうが、自分の墓（樹木）を求めるらしい。四人家族が四つの個人区画を契約したケースもある。また宗教的には神道やクリスチャンもいた。今後は個人区画を増やしていく予定だ。現在の課題は、シカやイノシシなどの獣害だという。

なお寺の後継者には、甥が決まっている。すでに得度もした。また息子は東京のＩＴ会社で働いているが、時折やってきて草刈りなどを手伝っている。妻も月に一度は産山村に来るそうだ。「幼なじみに助けられて楽しく過ごしています。無理して墓の契約数を増やそうとは思っていません。今のペースでゆっくりとやります。満杯になったら増設するかどうかは決めていませんが、森がきれいになっていくのは嬉しいですね」

井氏にとっての樹木葬は、故郷で歩む第二の人生に欠かせない要素になったのかもしれない。

巨木を育てる千年樹木葬（岩手県遠野市）、広大な天然林を守る佛國寺（三重県大台町）

森を守る、あるいは森をつくる樹木葬を行っている寺院を探して訪ね歩く中で、樹木葬墓地として開園して間がなく、まだ埋葬はわずかだったり、開園に向けて準備を進めている段階のところもあった。

詳細な内容は今後の推移に任せるとしても、その中で非常に森林保全に熱心な構想・計画を持っているところを紹介しよう。

岩手県遠野市の「千年樹木葬」は、二〇一五年の夏に開園したばかりだ。

事業主体は曹洞宗清水山西来院。西来院は一五四九年創建の寺歴四六〇年を超える古刹だが、今は小さな山寺である。周辺には広大な山林が広がっている。岩手県の寺には奉納された供養絵額（絵馬のようなもの）があるが、西来院にはとくに美しい絵額が多く残ることで知られる。

西来院の「千年樹木葬」の実務を行っているのは、NPO法人遠野山・里・暮らしネットワークである。この組織は、里山の生活スタイルの再興と実践や、都市住民との交流や移住促進、伝統文化・技術の伝承……などをテーマに長年活動してきた。一方で近年は東日本大震災被災者の支援活動にも取り組んでいる。

そんな活動の中で会長の菊地新一氏は、「死んだら樹木葬で弔ってほしい」という人の声を聞く。自然に還る埋葬法への憧れに接したのである。調べると、まさに樹木葬は自然の保全方法の一つになるのではないかと思い至った。NPOの目的である里山の自然と文化を守る活動とも合致する。なおNPOは旅行業の免許も取得しており、新たな展開として考えていた〝終活〟事業にもつながると考えたのである。

そこで会長の旧知の仲である西来院の瀬川什朗住職に声をかけたところ、大いに賛同するところとなった。岩手県には日本初の樹木葬を始めた知勝院があるだけに、樹木葬に対する理解も比較的行き渡っているのだろう。

まず墓地として確保した山林は、現在約〇・五八ヘクタール。西来院から車で数分の距離だ。

ウマの放牧地に接した緩やかな傾斜の山である。そこはマツやスギが茂っていたが、それらの木を伐開して、地目も墓地に変えた。この手続きには、やはり一年以上かかったという。

ここの樹木葬の特徴は、高木の植樹を行うことだ。

「この地域の土地は、一億一〇〇〇万年前に形成された古い地層で、非常に安定しています。東日本大震災でもまったく崩れなかったから、一〇〇〇年間は変化しないだろう、と考えました。そこにブナやケヤキ、ミズナラ、コナラ、イチョウなど一〇〇〇年以上生き続ける樹木を植樹します。ただしスギやヒノキなど針葉樹は外すことにしました。最終的に広葉樹の自然林にすることをめざすからです」（菊地氏）

その点から「千年樹木葬」と名付けたそうだ。この用語は商標登録済みだ。

これらの樹種は、育てば高さ数十メートル、幹や樹冠も太く広くなり巨木になる樹種である。そのため墓の区画は広く取る。コースはいろいろあるが、もっとも狭いものでも四メートル四方で、最大の区画は六〇〇平方メートル以上だ。これぐらいの広さがあれば、どんな大木でも十分に枝を伸ばし樹冠を広げられるだろう。なお契約した区画内ならば、二人まで入ることは保証している。三人以上は相談に応じるそうだ。

ただし区画が広い分だけ数には限りがあり、当面一〇〇件までだという。また価格も高くなる。最大のものは三八〇〇万円以上を予定している。もし希望者が増えたら拡張する予定だ。土地の余裕は十分にある。

なお中低木を対象にして、価格を抑えた「里山樹木葬」も同じ山の一角につくった。林間に埋葬し、石板を設置するものだ。こちらは二〇万円から行える。さらにペット用の区画も設ける予定だ。そこは合葬だが、人間（飼い主）と同じ区画に埋葬することもできる。

すでに現地見学会も開いており、故人の遺骨の埋葬を希望した遺族が四件契約したそうだ。遠野と言えば、日本の民話の故郷と言われる土地で、今も豊かな文化と美しい風景が広がっている。実際に現地に立つと、山と田園が織りなす農村風景が一望できる。そんな土地に葬られることに憧れる人も少なくないだろう。

まだスタートしたばかりだが、中低木の植樹を中心とした樹木葬とは違う、もう一つのベクトルになるかもしれない。

さらに壮大な樹木葬による森づくりを構想しているのは、三重県の大台町の自然《じねん》宗佛國寺である。こちらは黙雷和尚が開いた一宗派一寺。現在は薬師庵妙円を住職とする尼寺になっている。

黙雷和尚の半生は波乱に満ちている。ここでは詳しく触れないが、政財官界に食いこんだこともあれば、すべてに絶望して何年間も全国を徒歩で行脚したこともある。さらに東京や名古屋、京都などの街頭で座禅を組む修行もたびたび行う。そうした中で地方の衰退を間近に感じ、なんとかしようと地域おこしプロジェクトを立ち上げたことも幾度かある。だが、ビジネスとなると簡単ではない。そこで僧侶の本分に立ち返って考えたのが、「森のお墓・いのちの森」と名づけた樹木葬だった。

すでに山林を二四ヘクタールほど取得したほか、さらに数百ヘクタールもの山林の購入を予定している。その資金は、寄進で集めるという。

全国を行脚したり街頭で座禅を組む姿を見て、寄進したいと名乗り出る人がいるそうだ。多くは独り身のため財産を相続する人もいないから、亡くなったら埋葬するとともに財産を寄付するから役立ててほしいと申し出てくるのだ。

大台町は、近畿の屋根と言われるほど懸崖な山々が織りなす紀伊半島の一角である。急峻な山々の間に渓流が網の目のように入る。とくに大台ヶ原から大杉谷は原生自然に覆われた秘境として知られたところだ。吉野熊野国立公園の一部であり、大台ヶ原は山全体が特別天然記念物に指定されている。

植生は原生的な針広混交林が多いが、一部には人工林も作られていた。ただし、あまり手入れをされていない模様だ。私も樹木葬予定地を歩いたが、原生的な植生と一度伐採した跡地に育った二次林が広大な急斜面に広がっていた。

黙雷和尚の考える「森のお墓・いのちの森」は、山全体を埋葬地として、遺骨は粉もしくは灰の状態で森の中に撒くというものだ。植樹はしない。その点からすると、散骨にあたる。だから地目を変える必要もなくなった。

遺骨・遺灰を入れる木の壺をつくったが、これも森に残す。一人あたりの面積は三〇坪ほどにする予定だ。だいたい一〇メートル四方である。

お墓参りは散骨した森の中まで行かずに麓に遥拝所を設けて行うようにする。森全体がお墓であり、埋葬された人全員で守っていくという理念である。すでに生前契約した人が一二〇人ほどいる。

もう一つ特徴的なのは、契約金を積み立てて道路沿いの荒れた人工林を購入する計画も進めていることだ。そこでは地元林業家の協力の元に手を入れて林業の振興に取り組むという。道沿いなら搬出に手間がかからないから採算の合う林業が可能と見込んでいる。地元の産業を盛んにすることで地域振興につなげる考えなのである。

まだ明確なシステムは固まっていないものの、森林環境を守ることと地域づくりを樹木葬(「森のお墓・いのちの森」で商標登録済み)で結びつける計画なのだ。実現すれば、壮大な森林を所有する樹木葬墓地となるだろう。

ほかにも自然環境、とりわけ森林の保全と埋葬を結びつけた樹木葬を行っているところはあると思う。今後立ち上げるところも出てくるだろう。

樹木葬墓地をつくりたい人々

ネットで「森になる」というサイトを見つけた。

内容は、樹木葬について記されている。非常に多岐にわたるページで、論文に近いものがリンクされているかと思えば、シンポジウムも開催している。さらに海外のシンポジウムにも出席している。「森になる」冊子も発行したようだ。

いったいどんな人々がサイトをつくったのだろうか。そう思ってページを繰っていくと、「一般社団法人森になる」という団体があるらしい。二〇一三年一月三一日の設立だが、二〇〇六年より「森林葬」を提唱してきたとある。これは樹木葬とほぼ同義だ。

主宰者は、河野秀海という僧侶だった。現在は東京千代田区在住らしいが、寺名を天龍院千代田別院（普請中）とある。

これは、結構大きな団体なのかもしれない。ただサイトでは、肝心の墓地がどこにあるのかわからない……。そこで河野氏に連絡を取ってみた。

お会いして話を聞くと、「一般社団法人森になる」自体は数人で運営していて、樹木葬を行う墓地もまだ所有していないのだそうだ。むしろ樹木葬墓地をつくるために、その意義を広める活動をしているのだという。

そこで、少し河野氏の経歴を追ってみよう。

天龍院は大阪市にある生家だった。安土桃山時代に創建された歴史ある浄土宗の寺院だ。その長男に生まれ、副住職を務めていた。また同寺が経営する老人ホームの主任生活相談員、ケアカウンセラー、施設長代理でもあった。当然、次の住職になる予定だったのだろう。

だが住職就任前に、出奔するのである。一九九三年のことだった。住職と老人ホーム理事長は弟に任せる。

このときは「今の仏教界や檀家制度の中で過ごすことに疑問を持った」。江戸時代から続く身分制度そのままではないか、と思ったからだという。

なかなか突飛な行動のようにも思えるが、大学でサンスクリット語を学び、インド哲学に傾倒していた。二〇歳前後の一年間、沖縄の某島の洞窟に住んで、ヨガや断食、瞑想をしていた時期があるという。また幼少の頃から手ほどきを受けて気功や整体の技術も身につけていた。インド政府公認のヨーガ療法師の資格も持っているのだ。

訪れたのは八ヶ岳の山麓。とくに目的があったのではなく、知人がいたからだ。そこでアルバイト生活を送っていた。製材所に勤めたり気功のワークショップを開いたりしていた。気功指導者の津村喬氏とともに「清里樹林気功センター」を設立したこともある。老人ホームの経験から「身体から心の病を治せることもある」と感じていたので、気功や整体を通じて悩める人々の役に立てないかと考えていた。

その後は東京に拠点を移して、鍼灸院や整形外科医院に勤めた後に、自ら「理可院」という鍼灸・整体施術院を開業したりもした。やがて再び僧侶としての活動を再開した。寺院を持たない僧侶を登録して、葬儀・法事などに派遣する組織があるのである。

そうした活動の中で、樹木葬の発想が生まれたのは、やはり知勝院の樹木葬のニュースを聞いたことがきっかけだったという。

「死んだら木を植えることで森になる、という発想が生まれました。これには製材所で働いたときに、こんな太い外材があまりに安い価格なのにショックを受けた経験とか、スウェーデンの『森の墓』（世界遺産に登録されたスコーグスシュルコゴーデン墓地）を見たことなどが影響しています。それで設立準備会をつくりました」

とはいえ、生家を出た身、金も土地もない。だから、まずサロンをつくって「死して森になる」という発想を広めることを始めた。毎月テーマを決めて勉強会を開いた。これが「一般社団法人森になる」の原型である。

「森になるシンポジウム」も毎年のように開いている。スウェーデンやノルウェーから各界の来賓を招くこともある。またヨーロッパのポジティブ心理学会へ出席してアピールもしてきた。「一般社団法人森になる」設立理事の一人である尾崎真奈美氏がこの学会に所属しているからだ。

まだ樹木葬墓地を開設する目途は立っていないが、ある地域に賛同者も現れたので、少しずつ進めていく予定だそうだ。形態としては、埋葬地に樹木の苗を植えるほか、森に散骨するエリアもあってよいと考えている。そしてヨガなどを通じて遺族が癒しを得るエリアも設けたい。構想は膨らんでいる。

一方、地方自治体を巻きこんだ動きも起きている。その舞台は北海道だ。

きっかけは札幌市立大学の上田裕文講師がＮＰＯ法人北海道に森を創る会とともに「ドイツの樹木葬」を紹介する講演会を開いたことだ。それをきっかけに立候補する自治体がいくつか現れて、新たな動きが起きている。

まだ具体化したわけではないが、考えられているのは日本で主流となっている埋葬場所に樹木の苗を植える樹木葬ではなく、すでに生えている大木の根元周辺に埋葬する形式である。ドイツやスイスと同じ方法だ。上田氏の希望としては、地目を墓地にするのではなく、森林として維持管理できないかと考えているそうだ。散骨に近い考え方を取り入れることになるのだろうか。

北海道の森は、地形は比較的平坦で、生えている木々もトウヒやトドマツ、エゾマツ、シラカバ……とヨーロッパの植生と似ている。実現したら、ドイツやスイスの樹木葬墓地と似た風景になるだろう。

ほかにも個人で墓地用地を所有しているところ（古い集落では、意外と多い）が、その土地を親族以外の人にも開放して樹木葬を行うケースがあるようだ。これは、墓地というには小さな面積だが、個人レベルでも樹木葬は行えるかもしれない。

さらに「記念植樹」の形で弔いを森づくりに生かす試みもある。遺骨は先祖代々の石墓に納めるが、「故人の木」を植樹するのである。先に東京都の街路樹を「マイ・ツリー」にする事業を紹介した（一五一ページ）が、その植樹する対象の土地を、たとえばゴルフ場跡地や荒れた山にするケースがある。遺骨を埋葬しないから法律的には墓ではなく、墓埋法に縛られないが、実質的に森づくりを行いながら故人を偲ぶ記念の墓としての役割を持つ。

さらに私のところに「樹木葬墓地をつくりたい」という声が幾人かから届いている。なかには土建会社が新たな事業として取り組みたいというような要望もあったが、僧侶であり宗教法人も所有した人が構想を膨らませているケースもあった。

話を聞いてみると、これまで金融関係の世界で生きてきたが、人生で生と死を考えることがあったとのことである。縁あって僧籍を得て、宗教法人の取得も行った。そして人の死を単に遺骨を石墓のカロートに納めて終わり、にするのではなく、もっと自然と一体になる感覚をつくれないかと考えて樹木葬に行き着いたそうだ。残念ながら土地の確保が難しく、計画はこれからだ。

樹木葬による埋葬地の開設は、人の心の世界に深く入りこむ覚悟と同時に、施設の維持や墓地としての継続性を担保するための「経営」の観点も欠かせない。どちらを欠いても後々不協和音が生じるだろう。

今後、樹木葬を行うところは増えるだろうが、肝心の中身がどのようなものかコンセプトに疑問を感じるところもある。木のない樹木葬もあれば、自然保全の意識が希薄なところも少なくない。訪れたら立派な施設が建てられていて面食らうところもあれば、樹木葬の看板を掲げているものの連絡を取ろうとしてもつながらずに、どうやら〝開店休業〟状態の団体もある様子だ。

それでも樹木葬を巡る展開を注意深く追いかけると、日本の墓のあり方と死生観が変わりつつあることを感じる。今は黎明期なのかもしれない。

第5章　死して森になる

消える寺院と僧侶の危機感

これまで日本のお墓事情と、樹木葬を行う海外の潮流、そして日本の樹木葬の中でも森づくりにつながる活動を行う寺院を紹介してきた。

私が取材して感じたのは、葬式やお墓だけでなく、宗教界（日本ではおもに仏教界）の危うい現状と危機意識だ。とくに樹木葬を始める人々（多くは僧侶）には、現代の檀家制度や葬式仏教に批判的な人が多いことに気づいた。それは仏教界の問題であると同時に、人口減と高齢化の進展、地方の衰退、宗教観の希薄化……など日本社会全体の問題につながっているように思う。

そこで、少し現代の寺院、とくに経済的な事情に触れておきたい。

文化庁の『宗教年鑑　平成二五年版』によると、全国に寺院は七万七三四二か寺存在し、僧侶は三三万八八九五人となっている。

都道府県で寺院数が最多なのは愛知県。四六一一か寺ある。次が大阪府三四〇〇か寺、兵庫県三二八八か寺だ。ちなみに東京都は二八七六か寺。逆に最下位は沖縄県で八〇か寺。愛知県が多いのは、尾張徳川家が積極的に寺院を庇護したこともあるようだが、明確な理由はわからない。沖縄はもともと琉球王国であり、江戸幕府の檀家制度が取り入れられなかったからだろう。

この数字を知って、私は寺院とはこんなに多いのかと感じたのだが、実際には減少傾向にあるそうだ。また寺院とは名ばかりの無住寺も少なくないらしい。

人口一〇万人あたりの寺院数（寺院密度）は、一位が滋賀県、二位福井県、三位島根県。寺院密度の下位は、四五位東京、四六位神奈川県、そして最下位は沖縄県だ。なお寺院の目立つ大都市・京都府は一三位である。

寺院密度が高いということは、人口に比して寺院が多いことを意味する。言い換えると一つの寺の檀家数が少なくなる。ごく少数の観光や不動産など副業で十分な収益を上げている寺院を除けば、法要などが寺院の主な収入源だから、檀家が少ないことは経営が厳しいという推測が成り立つ。

宗教団体は税金がかからないことや、金額が不明瞭な布施や戒名代などがあるため「坊主丸儲け」と言われるように、金銭的に豊かなイメージがある。しかし、現実には経営に行き詰まった寺院が数多く出ているのだ。

曹洞宗が実施した同宗派寺院一万四〇〇〇余りを対象に行った調査では、年収が三〇〇万円以下の寺院が四三％を占めたそうだ。家族を持つ住職では、生活が厳しいだろう。また後継者も三割以上でいなかったという。生活が不安定では、僧侶の後継者が現れない。

現実に、寺院の約四分の一が無住寺になっている。住職の跡継ぎがいなかったり、檀家数が減って寺の維持が不可能（住職の生活が成り立たない）になって住職が引き揚げたことが原因だろう。そうした寺は、ほかの寺の住職が兼務するのが普通だ。しかしそれでは檀家とのつきあいも弱まるし、法要やお盆の供養も十分にできなくなる。それが檀家が減る一因にもなる。悪循環が起きているのだ。

すでに兼務する住職さえいなくなった寺も増えている。引き受ける親寺にとっても負担になってきているからだ。おそらく無住寺の多くは、今後消えていかざるを得ないだろう。名前だけ残して、事実上廃屋となった寺院も少なくない。二〇四〇年には現在の三割の寺院が消えるという予測まで出ていた。

一方で、寺院を持てない僧侶も少なくない。実家が寺でない人が仏門に入っても、簡単に継ぐ寺は見つからないのだ。また地縁がなく檀家もほとんどいない過疎地の寺を継いでも生活が成り立たない。そこで比較的都市部に拠点を置き個人で宗教活動を行う僧侶が増えている。なかには自宅の団地やマンションの一室を寺とするケースもあった。

彼らの多くは派遣僧侶として活動している。僧侶を派遣する業者は結構あり、各地の葬儀や四十九日などの法要を仲介しているのだ。近年ではインターネットを利用した派遣会社が増えてきた。法要を開く必要ができたものの、縁のある寺院や僧侶がいない人にとって、インターネットで検索して見つけるのが珍しくなくなっているのだ。

この場合、布施の約半分は業者に渡るのが普通だという。施主や遺族が支払った布施が全部「仏様の元」に納まるわけではない。派遣で仕事を確保する僧侶も、余裕のある生活を送っているとは限らないだろう。

なぜ、寺院経営が困窮するのだろうか。一義的には、地方の経済的疲弊と過疎化、そして国民の宗教離れが大きいだろう。しかし、寺院を歴史的に見ると根本的な経営基盤の変化も見逃せない。

江戸時代は、徳川幕府の命によって住民を強制的に寺院に属させる檀家制度が確立されたうえ、幕府や藩、そして有力武家による寺社の庇護があった。だが、忘れてはいけないのは寺院も田畑や山林などを寺領として持っていたことだ。それらを地域住民に貸し出して地代を取ったり、木を伐って販売するなどして収入を得ていたのだ。（堆肥にするため）境内の落ち葉を取る権利やマツタケの採取権を入札した記録なども残っている。つまり寺院も自ら収益事業を行って、それで経営を成り立たせていた。それは現代の寺院が駐車場やマンション経営などで地代を得るのと一緒だろう。

ところが明治になると、上地令が交付された。上地令とは、簡単に言えば寺社の土地を没収するもの。仏閣の建つ周辺以外の土地を明治政府は問答無用で取り上げたのだ。その多くは山林だが、政府はそれを国有林（当時は官林）に編入したり、民間に売却している。返還訴訟も頻発するが、ほとんど返されなかった。

さらに太平洋戦争後は、連合国の占領政策によって「農地解放」が断行された。ここでも寺社がわずかに残して所有していた農地を小作人に分配させられている。

幕府や藩の庇護を失い、寺領もなくなった寺院は、収入源の多くを失ってしまう。そこで檀家制度を基本に法要などの儀式の主催に傾注し始めた。なかでも葬式は重要な儀式である。いわゆる葬式仏教と呼ばれるのも、そのためだ。

一方で檀家に頼らない新たな収益事業も模索された。

幼稚園経営や福祉事業などに乗り出すケースのほか、墓地経営は寺院の副業の中で大きな比重を占める。墓地を経営できるのは、墓地埋葬法（墓埋法）で宗教法人、地方自治体、公益法人と決められているからだ。寺院の場合は本来檀家を対象にした墓地だったが、世相の変化の中で、墓地の使用と檀家を結びつけず、さらに宗教宗派を問わない墓地を開設することが一般的になってきた。

そこに霊園経営のノウハウを持つ民間業者が進出してきた。彼らは、土地の収得から造成、そして募集まですべて行う。なかには霊園開設アドバイザーのような職もあり、霊園経営を考えている業者や土地所有者に寺院の名義手配まで行うところもある。墓埋法により、民間人の名義では霊園を開くのは難しいからである。

ちなみに民間業者が寺院の名義を借りて霊園・墓地を開くのは、厳密には違法性がある。宗教法人を隠れ蓑にした営利行為と見なされるからだ。しかし現実には、全国でもっとも増えている墓地は、民間の事業型霊園だろう。

霊園の経営に乗り出す業者で多いのが石材業だ。霊園を開くことで、墓石も自動的に販売できる（寺側からすると、石材業者に優先的な販売権を与える）からである。

当然、こうした経営では寺院と業者間でお金が動く。石塔を買えば、何割かは業者から寺院側にバックされる。寺院側にとっても、名義貸しは収入を得られる手立てとして有効だろう。墓石の原価は価格の約二割とされるから、利益率は高い。逆に言えば、墓を持とうとすると馬鹿にならない負担を強いられるのは、こうした構造の中にある。

だが、不明朗で高額な墓地販売が増えたことが、庶民の石墓離れと寺院離れ、宗教離れを加速したのではないか。

それに加えて人口減と経済的困窮者の増加、そして葬儀などを簡素化する流れが強まったことが、再び寺院経営を圧迫し始めた。現代社会では、家族葬のように小規模になったり、葬式そのものを行わない直葬も広がっている。そして墓さえいらない（持てない）層も増えているのだ。寺院も墓地もこれまでのような経営では成り立たなくなってきた。変革が求められているだろう。もっと広く世間に受け入れられる墓地、宗教宗派にこだわらない法要と埋葬が必要になってきたのではないだろうか。

荒れる里山の救済に必要な「仕掛け」

寺院が消滅するほど過疎高齢化が進んだ疲弊した地域にとって、もう一つ喫緊の課題なのは、田畑や山林などの土地そのものの行方だ。

もともと中山間部の農地は、耕作に不利で生産効率が悪い。米余り現象によって設けられた減反政策の対象となりやすかった。減反の割り当ては面積で決められる。ならば、もともと米の生産量が少なく、また手間のかかる棚田から耕作を休止するのは当たり前だろう。麦作や野菜などの畑に転換することも、より手間がかかるから耕作者は喜ばない。

さらに過疎化の進行で人が少なくなり、高齢者が増えることで耕作そのものを諦める農地もどんどん増えていった。そのため中山間地に休耕地が広がることになる。棚田は数年耕作しなければば、水田としての機能は失われる。元に戻そうとしても容易ではない。水も溜まらなくなり、雑草や樹木が茂って利用困難になってしまう。

やがて農地は休耕でなく放棄地となる。耕し手がいなくなるからだ。それらの土地を他人に貸したり売却することも少ない。子どもらが地域を離れ、都会に移り住むと、農地や山林を顧みることもなくなる。そんな状況で土地の名義人が亡くなっても、相続手続きさえ取られなくなる。かくして所有権は分散し、土地は浮遊化していくのだ。

とはいえ、農地はまだ比較的境界線がしっかりしているからましなほうだろう。山林になると、もともと境界線が確定していないところも多い。村の住民が記憶の中で線引きしていることが普通だからだ。明治時代につくられた土地の所有者を示す「公図」には間違いが多く、法的効力も弱い。境界線がわからないと、安易に木を伐ったり植えることもできなくなる。もちろん売買も難しい。改めて境界線を確定するには、隣接地の所有者との協議が必要だし、測量するのも手間と経費がかかる。

また共有林も多い。集落の構成員で共同所有している山林だ。その山林から利益（木材やマツタケなどの産物）が出るうちはよいが、むしろ負担（草刈り、間伐など）が増えると放棄状態になる。地域住民全体で所有しているということは、全員の了解抜きでは利用もできないから余計に面倒だ。そのため所有意識も希薄になり離れていく。結果的に誰が権限を持っているのかわからなくなるのだ。

放棄された山林には、薪炭用に使われた雑木林や木材生産のため植林した人工林が混ざっているが、いずれも時とともに密生して、足を踏みこめない藪になるケースも少なくない。うまく自然林に移行するとは限らないのである。

それは財産的価値が失われるだけではない。まず生物の生態系を狂わせていく。見た目は緑に覆われていても、密生化することで日光が地表に射しこまなくなる。すると明るいところで芽を出す種子は伸びなくなる。薄暗いところでも育つ照葉樹が徐々に増えてくるが、照葉樹は冬でも落葉しないので、より林内は暗くなる。

暗い森になると、秋になっても紅葉せず、春の山菜も育たない。景色も悪くなる。それまで明るい森の樹木や草に生息していた昆虫などが姿を消す。するとその虫を餌としていた鳥獣も消えるだろう。

また草の生えていない地表は、雨が降ると土壌を流出させる。樹木に覆われていれば地面は守られると思われがちだが、それほど単純ではない。むしろ樹木の枝葉は降雨を集める機能があり、より大きな雨滴を作り出す。それが地面に落ちた際、裸地に雨が直接降ると地面を強くたたき、土壌を削ってしまうのだ。重要なのは地表に密に生える草なのである。結果的に土壌がなくなり岩がむき出しになれば樹木さえ生きていけなくなる。そんな状態になれば、はげ山になり保水力も落ちるだろう。

生物多様性も水源涵養機能も劣化し、見た目も悪くなった里山。そんな状況が進む中山間地が増加の一途をたどっているのだ。

国や自治体は、さまざまな中山間地対策を実施してきたが、効果は出ていると言えない。山も農地も荒れ、山間の集落はすでに過疎の段階を超えて限界集落、そして消滅集落へと進んでいる。

補助金は、ばらまかれたときだけ多少潤うものの、自立的に次の利益を生み出さないから、金が尽きたらまた沈滞する。税金の投入は、無制限には続けられない。そもそも補助金は、使い道に細かな規定があり、それでは利益を出せないようになっている。本当に自然を守るのに必要なのは、自然を利用して地域が経済的に自立することだ。

農地は耕すことで環境をつくり出してきた。単に作物だけが生えているのではない。その耕された土の中には多くの微生物が生息し、また雑草や昆虫など多様な生き物が育つ。農地は（好むと好まざると）作物以外の多くの生命を引き寄せるのだ。そして作物を販売することで人々の生活を成り立たせ、次の耕作へと引き継がれる。

森林も同じだ。林業地として木材を生産するのはもちろん、森の中は山菜やキノコなどの収穫の場であり、雑木林なら薪や木炭の原料を得る場でもあった。それらは自給にも使われたが、販売に供されることも多く、地域に利益をもたらした。

つまり地域の活性化も、自然の健全化も、その土地で自立したビジネスを展開しなければ難しい。自然を利用することで豊かな生態系をつくり出し、同時にその地域に生きる人々も潤う仕掛けが必要である。

では、現代の中山間地では、農林業以外にどんな産業が成り立つだろうか。何か新しい産業・事業を展開しなければ、地域の人々も、地域の自然も守れないわけだ。

少し前まで放棄された山林を開発してゴルフ場にする動きもあったが、今やゴルフ自体が衰退傾向にあるスポーツだ。ゴルフ場も、閉鎖が相次いでいる。

近年では、放棄された里山の利用法として、ソーラーパネルを設置して太陽光発電を行うところも出てきた。しかしブッシュになった森以上に、ソーラーパネルが一面並べられた風景は異様だ。そこには緑さえない。さらには産業廃棄物の処分場にする動きも起きている。

このような土地の利用は、環境にとって望ましいとは言えないだろう。何とか緑を保全しつつ、地域の活性化に寄与する新たな利用法はないだろうか。

そこに登場したのが、樹木葬なのである。

すでに見てきたとおり、本来の樹木葬は森をつくる埋葬形態だ。日本で初めて樹木葬を行った知勝院の千坂氏も、自然環境の再生のための方策として生み出した。まず墓地として整備した後、埋葬するたびに植樹されるのだ。あるいはスイス・ドイツ方式のように森の中の巨木の周囲に埋葬する場合も、墓地にすることで開発を阻止する効果がある。

契約者は、必要な金銭を埋葬の契約金などの形で支払う。それによって人が地域に住み続け、墓地を守れる。それが地域の自然の維持に役立つ。この循環が必要なのだ。石の墓では、その循環がうまく行かなくなった今、樹木葬は新たな可能性になるのではないか。

樹木葬の契約をした人の声として、自らが自然の中に埋葬されることに好印象を持っていることはアンケートなどに現れている。墓地が増えることで山野が破壊されるのではなく、自分が埋葬される土地が半永久的に森として保全されると聞けば満足度が増す。

亡くなった人、それを見送った遺族の心を癒し、美しい自然を残す手立てとして樹木葬は、一つの可能性を感じさせてくれないだろうか。

求められる樹木葬の景観

樹木葬を選ぶ人は、何を望んでいるのか。どんな樹木葬が求められているのだろうか。

まず樹木葬に興味を持つ人は都市部に住む人に多いという傾向がある。身近に自然環境が少ないところに住むからこそ、自然の中に埋葬されたいという思いを持つのだろう。

しかし日本では、あまりにさまざまな形の埋葬法が「樹木葬」という同じ言葉で語られているため、何を求めているのか肝心の部分がわからなくなってきた。そこで樹木葬に関心のある人向けに行われたアンケートを元に、どんな形態がもっとも求められているのか探ってみよう。

樹木葬を選ぶ動機としては、墓の継承がいらない、宗教宗派にこだわらない、寺院の檀家にならないで済む、家制度から離れた個人墓である、価格が安い……などの理由が挙げられている。そして石ではなく樹木（植物）を墓標とすることに好感を持つのは、故人もしくは遺族が植物や自然が好き、埋葬地の景観も石塔が立ち並ぶ風景よりも森のほうが心地よい……という感性を持っているからだろう。

ただ各地の樹木葬墓地を取材する中で、都会人は本物の森になる埋葬よりも庭園的な景観を好んでいるという声もあった。たしかに庭園的な草木の配置は美しく感じる。それでも私は、樹木葬によって森林の景観をつくり出すことにこだわりたい。なぜなら、庭園は本当の自然ではないからである。しかも手を入れ続けないと荒れる。それは墓の継承にも影響があるだろう。

幾人かの研究者が、樹木葬契約者や一般市民に対して樹木葬に関する意識調査アンケートを行っている。内容は樹木葬を選んだ理由や樹木葬に対するイメージ調査が多いものの、樹木葬によってつくられる自然や景観に関するものもある。ここでは、立命館大学の武田史朗准教授（イギリスの樹木葬研究者）が、二〇〇七年一〇月に大阪市内の高齢化の進む団地住民に行った調査結果を紹介したい。

アンケートでは一二のタイプの樹木葬の景観模式図を示して、一七の項目で具体的なメリットと総合評価をしてもらっている。

すべてのタイプをここで紹介しきれないが、いくつか事例を挙げると、まず景観には
「墓標である樹木が成長して、樹林帯を創成します。故人を埋葬した場所は樹林帯のなかに埋もれて、見えにくくなります。将来的には、自然保護地となります。樹林帯のなかには入れませんが、墓参時には、管理棟から故人が眠っている樹林帯を眺めることができます」

「墓標である樹木が成長して、将来的に樹林帯を創成します。墓参者は、樹林帯のなかに分け入って、故人それぞれの樹木のそばで故人と一対一で時をともにすることができます」

「墓標である樹木が成長して、将来的に樹林帯を創成します。樹木は、故人が好んだもの、また残された家族が自由に樹種を選んで植えることができます。これにより、樹木が成長し、変わっていっても、はっきり故人の記念樹を特定することができます」

「墓標である樹木が成長して、将来的に樹林帯を創成します。樹林は柵で囲われて、守られます。また、柵には埋葬者の名前が書かれたプレートがつけられます。プレートがあるので、墓参者は、いつまでも故人が眠っている樹林と対話することができます」

一方で樹林にならない景観もある。

「大きな既存の樹木を墓碑として、樹木の周りにお骨を埋めます。埋葬者の名前は、管理棟のな

かにある帳簿に記録されます。将来的に、この場所は、誰でも利用できるシンボリックな広場になります」

「将来的にきれいに整備された草むらになります。故人を埋葬した場所は草むらのなかに埋もれて、見えにくくなります。草むらは生態系が豊かであるため、墓参時には、散策路を通って、自然や生物に触れることができます」

このような樹木葬景観から好むものを選択してもらっている。

一方、一七の評価基準は、

「プライベートな墓参ができそうなところが良い」
「自分らしい墓がつくれそうなところが良い」
「故人のことを想い起こしやすいところが良い」
「誰でも気軽に立ち寄れそうなところが良い」
「墓が環境に溶けこむ感じが良い」
「自然や緑が増えていくところが良い」

などなど。

さてアンケート結果だが、上位つまり評価の高かったのは、墓標とする木が成長し樹林帯になり、その樹木のそばまで分け入って一対一で向き合えるものだった。墓標となる樹木を契約者や遺族が選べることも好まれた。全体として樹林という形で自然環境がはっきりわかる一方で、故人の個人性が確保されるものが、評価も高かった。

反面、評価の低かったのは、敷地の中央にシンボリックな景観木が据えられて、その周辺に埋葬する形式である。景観が樹林でなく、個人性も弱くて墓地空間としての公共性を高めたものは、あまり評価されなかった。

樹林帯ではなく湿地や草原でも、生態系としては貴重で生物多様性も高いのだが、そうした環境はあまり理解されない傾向にあるようだ。

このようなアンケートは対象者の属性などの影響を受けやすいから結果をそのまま鵜呑みにするのは危険だが、全体の傾向は読み取れるだろう。

景観としては、樹木が数多く立ち並ぶ森林的な風景の優先順位が高い。しかし埋葬された故人を特定することへのこだわりも強く、プライベートな墓参、つまり埋葬地全体ではなく個別の場所で手を合わせられる条件を求めている。

これらの結果から考察すると、生前契約者、つまり埋葬される本人の視点と、墓参を念頭に考える遺族の視点のどちらに重きを置くかが重要となる。

墓参りする側に立てば、「墓の位置がわかりやすいほうがいい」し、故人の履歴や業績なども含めて伝えるプレートなどがあってほしい。しかし、埋葬される側には別の思いもあるようだ。

これは別のアンケートだが、契約者の樹木葬に対する思いには「自然に溶けこみ消えていく」ことを望む声がわりと多くあったからだ。それは散骨の場合のほうが顕著だろうが、自分が死んだ後には何も残らないようにしたい希望があるようだ。

古代より現代まで、天皇・貴族や芸能人など、どちらかというと有名人に火葬や散骨などを望んだ声は多い。死後は、自分がこの世に存在したことを消してしまいたい意識もあるように思う。また自然と一体化することを想像することで癒しを得られる心理も働いているのではないか。

そうした発想からは、墓の位置がわからなくなるほど自然に溶けこむことを望んでいるようだ。名前のプレートも生分解性の素材でつくられたもので、いつしか樹木や草が茂った中に溶けこみたい願望につながるのではなかろうか。

大雑把な感想だが、死後一定期間（数年〜十数年）は埋葬地を特定できるほうがよい。それは遺族の癒しのためだ。だが、その後は自然に溶けこんで消えていくのもよいように思う。

武田准教授の指摘だが、日本人は故人の思いを忖度《そんたく》して墓を選ぶが、イギリス人は残された遺族がいかに癒されるかを重視しているそうである。

今後、樹木葬墓地の開設が増えていけば、単に樹木葬という看板だけで関心を集めることは難しくなるだろう。そうなると理念や実際の墓地の景観など中身が問われる時代が来るように思う。

もちろん墓の形というのは、一義的には契約者（故人）もしくは遺族が満足すればよいのかもしれない。石のモニュメントがあっても、樹木のない樹木葬であっても、それに満足するのなら、それは選んだ人にとってよい「お墓」である。

しかし開設者からすれば、より親しまれる、有体に言えば満足度が高くて契約者の増える樹木葬を行いたいはずである。このアンケート調査の結果は、ある程度樹木葬墓地のあるべき姿を考える参考になるのではなかろうか。

樹木葬を選択するための壁

樹木葬が年々増えているのは間違いないようだ。

私が樹木葬に興味を持って調べだしたのは数年前からだが、探している間にも新たに次々と誕生しているのだ。簡単なインターネット検索だけでもそれはわかる。樹木葬墓地の一覧をつくっているサイトもいくつかできた。

ざっと数えてみると、樹木葬で確認できたのは五〇以上。さらにネット上にサイトをつくっていないところや樹木葬といった名称を使わないところ（実態が石塔の代わりに樹木を植える、木の周りに埋葬する、そしてサクラの木に限定した桜葬など、広義の樹木葬に入ると私が考えるもの）もあり、それらを拾っていくと一〇〇近くになった。ただし、内容が千差万別であることはこれまでも記したとおり。

墓地需要全体の約一％が樹木葬になったとする推定もある。年間一万人以上が樹木葬墓地に埋葬される計算になる。この数字にどれほどの根拠があるかわからない。おそらく桜葬などの合葬墓も含むと思うが、これを多いと見るかどうか。日本で初めて樹木葬が行われて十数年、実際に認知が進み出したのはここ一〇年以内のことである。保守性の強い墓が対象なのだから、私はかなり急速な広がりだと思う。

ただ樹木葬の広がりが、必ずしも歓迎されているわけではないことも伝わってくる。事実、契約者本人の希望だったはずの樹木葬なのに、遺族が強硬に反対して実施できないケースも耳にした。一度は生前契約どおりに埋葬した後に遺族が改葬するケースも、たまにあるそうだ。それを認める場合もあれば断る寺院もある。

また僧侶の中にも、露骨に嫌がる人がいる。樹木葬の場合は、葬式や納骨式などの法要を引き受けないという僧侶もいたらしい。それが宗教的な信念なのか、個人的な好き嫌いなのかはわからない。

樹木葬を嫌がる理由はそれぞれだが、大きなものに世間体があるようだ。石塔がないのは世間に恥ずかしい、という遺族の感情があるらしい。直系の遺族は故人の思いを汲《く》んで樹木葬を実施しようとしているのに、遠くの親戚が反対するケースを複数耳にした。故人に遠い親戚ほど世間体を気にするのだろうか。

加えて前項でも触れたとおり、死後（故人の）生きた証を後世に残したいと思うか、自然に溶けこんで消えてしまうことを望むか、という根本的な感情の揺れが遺族側にも伝わっている。どちらに感情移入するかによって樹木葬に対する反応も揺れるようだ。

また都市在住者に希望が多いことはすでに触れたが、逆に言えば地方の人はあまり注目していないことを意味する。とくに森をつくるような樹木葬は、近隣に山林が広がる地域に多いが、その地方在住者に契約者はあまりいないそうだ。

その理由は、まず先祖代々の墓をすでに持っているとか、地域の共同体から離れがたいことが挙げられる。集落ごとに決まった共同墓地があるからだ。

一方で、地方の人は必ずしも緑に憧れていないという事情も透けて見える。むしろ生活の上では繁茂する雑木や雑草に苦しめられることも多く、樹木を植えることに喜びを感じないのかもしれない。都会の人が持つ、緑や森への思いとは違っているのだ。

もちろん実際の墓地の選択となると、墓地の形状や景観に加えて、場所（アクセスの利便性）や価格も大きく影響する。生前契約しようとする人は、初めて訪れた遠方の土地でも風景などの良いところを求めるそうだが、遺族は墓参りの手間を考えると、あまり遠方に墓を設けてほしくないのだ。

さらに樹木葬を主催する住職や担当者の人柄も関係するだろう。やはり埋葬とは、心の問題なのだ。故人の意志にしたがって樹木葬を選択したのに、埋葬時に乱暴な埋め方（遺骨を穴に投げ入れた、など）をされたと怒って契約解除した人もいるらしい。

そこで樹木葬墓地の開設、および選択に際して考えるべき点について記したい。

全国の樹木葬墓地を開設した人に話を聞いて少し驚いたのは、意外とほかの事例を調べていないことだ。元祖である知勝院を訪ねた人は幾人かいたものの、それさえしないケースもある。樹木葬に関してテレビや新聞記事、雑誌などに掲載された断片的な情報を元に、自らイメージを膨らませて実行している。

自分なりの思いを持って創造する樹木葬の姿があってもよいと思うが、やはり樹木葬ならではの自然に対する理念は持ってほしいと思う。石の墓を大々的に売り出す一方で、樹木葬もやっています、という寺院や業者では、埋葬と自然について深く考えたようには思えない。

私は、自然環境に対するなんらかの思いを持って樹木葬に取り組んでくれることに期待している。単に石塔を樹木に置き換えただけの墓では、何を求めて樹木葬にするのか見えてこない。果たして埋葬後、ちゃんと樹木の世話をしてくれるのか、将来の墓地の姿を描いているのか、そして森づくりの意志があるのか疑問を感じる。

その点からも、最重要なのは樹木葬を行っている担当者、とくに僧侶たちの死や埋葬に対する考え方や人柄だろう。宗教的な理念を持って取り組んでいるのか、単に需要があるから始めたのか。まさか「樹木葬は儲かるから」と露骨に口にする人はいないと思うが、霊園業者任せでは宗教家としても心もとない。

次に樹木葬墓地のある場所や状況である。従来の墓地の一角に設けるのか、寺院とは別の山林なのか。広さも重要だ。とくに樹木を植えるのなら、その後の生長を考えると結構な面積を必要とする。

地方の寺院の中には、元から山林を所有していたり境内に使っていない土地を持つケースも少なくないが、新たに取得して始める場合、隣接していなくてもよいが、あまり離れていては支障があるだろう。また墓参りなどを考えた場合のアクセスもある程度は配慮する必要がある。

樹木葬墓地の地形は、緩やかな傾斜や凹凸のあるほうが自然の森の雰囲気になる。また区画内を歩く道づくりも重要だ。単に利便性を考えて幅広くしたり舗装してしまったら、自然景観とは遠くなる。直線ばかりでなく、地形に合わせたカーブもあったほうが雰囲気が出るように感じた。また墓地内だけでなく、墓地までの道も景観として位置づけて設けてほしい。

そして、土地の地目にも気をつけたい。

樹木葬に反対したり疑義を挟む人は、法的な問題を心配する声が多い。また私も身の回りの人と樹木葬について話した際に気づいたのは、樹木葬と散骨を同一視している人が少なくなかったことだ。そして遺骨を（森に）撒くのは違法行為ではないのか、と気にしている。

散骨の法的根拠は先に記したが、たしかに法の隙を突いている感が拭《ぬぐ》えず、しかも厚生省・法務省の「見解」を頼りにしているだけだから、不安に感じるのは仕方ないかもしれない。加えて骨粉を地面に撒かれると「穢れ」の感情が出てしまうらしい。

具体的には、地下水にしみこみ水道に混入する、風に舞って人家まで飛んでくる……という理由が指摘される。もちろん、些少な骨粉は土壌に付着するから風で飛んだり地下水層までしみこむことはありえない（仮に地下水と触れてもその成分が水に溶けることはない）のだが、これも感情的な問題だろう。

樹木葬は、そうした散骨と一線を画したもので、法的に墓地と認められた場所に埋葬するのが基本である。

日本の樹木葬は、ほとんど地目が墓地であるところで行われている。開設側からすると、この地目変更が大きなハードルになっているのだが、逆に地目が墓地ならば合法である、と自信を持って言える点が大きい。

地目変更には自治体の許認可を取らないといけないが、行政としては周辺の土地所有者の合意を最優先に求める。自分の土地の隣が墓地となると聞いて喜ぶ人は少ない。墓地が開設されてから揉め事が起きてほしくないのだろう。その過程で重要なのは、樹木葬について十分に説明したうえで実行されることだ。樹木葬という言葉は広がっているが、十分に内容を知っている人は、一般人はもとより墓地行政を担当している人でも少ない。

行政が墓地の開設そのものを規制している場合もある。その地域の墓地の供給数と需要予測から許認可を考えるのだ。すでに多くの霊園がある地域では、それ以上の墓地をつくらせないケースがあるようだ。

樹木葬の契約者は、広い地域から集まってくるのが特徴であり、都市部に自然回帰の希望者が多いこと、また樹木葬が自然保全につながることを行政や地域住民が納得してもらえるよう十分な説明が求められるだろう。

余談だが、一度地目を墓地にすると、それを雑種地や山林、あるいは宅地などに変えることはきわめて難しくなるという。よほどの理由がないと行政が許可する可能性は低い。だから開発阻止の手段になるのだそうだ。

地目を墓地にして、そこが森になれば、半永久的に森として維持される公算が高くなる。パプア・ニューギニアのフォア族の「聖なる森」と同じだろう。アメリカのキャンベル氏が考え出した埋葬地を自然保護区にするアイデアも、そこから来ている。つまり墓地化は、究極の開発阻止方法なのかもしれない。

具体的な契約を考える際に十分気をつけたいのは、管理体制に関する規約の有無とその内容である。

埋葬後に揉めると困るのは通常の墓でも同じだが、とくに樹木葬には未知の部分が多い。樹木が大きく生長して区画をはみ出したらどうするのか、逆に樹木が枯れた場合はどうするのか。期限が切れた後、植えた樹木をどうするのか……そのほか、年々変化する生きた樹木が絡むだけに、細かく規約を設けていないと混乱する可能性がある。

期限については、自然に還ることを望む樹木葬の場合は、一般の墓の利用者ほど継承を望んでいないようだが、それでも何年後に合葬して永代供養に切り換えるのか気にかける人はいる。埋葬した土地をそのまま森に戻し、未来永劫手をつけないのか、あるいは整地し直して新たな墓地にするのか。

植えた樹木が数年以内に枯れた場合は寺側で新しい苗を植え直す、樹木の枝葉は管理側が剪定する、樹高が高くなる樹種は植えられない、などの規約がある場合が多い。また外来の樹種も、できるかぎり避けるようにしている。

ほかにも、一度埋葬した後に掘り返すことになる改葬を認めるかどうかも規約にしっかり書いていないと、いざ改葬の希望が出た場合に揉めかねないから、確認しておきたい。

そして価格も、広さ、埋葬人数によって変わるなどさまざまである。最初の埋葬契約の費用だけのところのほか、後に同じ区画に縁者を埋葬する場合の料金なども具体的に調べておくべきだ。募集時期によって変わる場合もあるので、そのたびに確認すべきだろう。

管理費が別途要るところもある。埋葬後に遺族から、あるいは生前契約してから埋葬されるまでの期間だけ会費を徴収する場合もある。それに合わせて寺院や墓地管理団体から会報などが届けられるのが普通だ。樹木葬墓地の樹木が今どうなっているかなどを知らせるわけだ。四季折々に変化することは樹木葬の楽しみの一つだろう。生前契約者、もしくは遺族が「墓友」になるのもそうした連絡が行われるからである。

樹木葬がまだ新しいゆえに、契約する人もわからないことが多く不安になりがちだ。その点について契約書の規約をしっかり確認することが大切なようだ。

「緑の埋葬」の理念を考える

最後に提言の意味も加えて、改めて樹木葬とは何か、どのような理念を持って行ってほしいかを、私なりに考えたい。

まず、これまで本書では、石墓と対比する自然物による埋葬地のことを一括して「樹木葬」と呼んできた。しかし内容は千差万別であり、さらに世界では森林ではなく草原や湿地を埋葬地とするケースも見られる。それらを全部「樹木葬」と呼ぶことで混乱を招いているのではないか、という気がした。

たとえばテレビで紹介された知勝院の樹木葬を知って、その趣旨に賛同して自らも契約しようと身近なところにあった「樹木葬墓地」に行ってみると、まったく違っている……というケースは十分起こり得るだろう。逆に東京都の小平霊園の樹林墓地を見た人は、山の中に埋葬して、将来は本当の森になる樹木葬のことを聞いたらびっくりするかもしれない。さらに散骨の自然葬と区別せずに報道される場合もあるので、余計に勘違いしてしまう人は多いはずだ。

私は、世界中で進む自然を大切にした新たな埋葬法を示す言葉を「緑の埋葬」にしたい。これは欧米で使われている言葉だ。キーワードは「自然環境の保全」である。

ここで使う緑（グリーン）は、実際の草木の緑を指すと同時に、環境に優しいという意味もある。埋葬される故人の遺物（遺体、遺骨ほか）が自然に溶けこむとともに、埋葬地に豊かな自然景観と生態系が創出されるところを指す。もちろん自然を破壊して墓地をつくるようなところは論外である。むしろ墓地にすることによって、環境的に劣化している土地が豊かな自然ある世界に生まれ変わることを期待する。

日本で広まっている樹木葬も、そうした「緑の埋葬」になってほしい。現在、樹木葬と呼ばれている墓地でも、自然保全への意識が低い墓地は「緑の埋葬」に入らない。逆に豊かな生態系を生み出したり現在の自然に対する配慮が感じられたら、仮に石の墓標などがあったり、森林でなく草原や湿地であったりしても「緑の埋葬」に入る。

そこでいくつかのポイントを書き留めたい。

まず開設する場所は、できれば荒れた土地（山林や放棄農地、境内、雑種地など）であってほしい。農地の転用には法的な壁もあるが、基本的に荒れた土地を「緑の埋葬」地にすることで美しく健全な自然を取り戻すことをめざすべきだ。時に豊かな森林を伐り開いて墓地が開発されるケースもあるが、それは望ましくない。

次に遺骨など埋葬するものは、直に地中に埋めるか、あるいは生分解性の容器（木製や布製など）を使うこと。埋める場所もカロート（コンクリートなどの部屋）を設けないこと。遺骨は土に触れることで自然に還るのだ。微生物によって時とともに土になる。これが自然になる大きな一歩だ。

遺骨が土になった部分には、植物が根を伸ばせる状態であってほしい。それがすでに生えている樹木であっても新たに植えた木であってもよいが、土に還った故人の埋葬地から生長することで、森になるイメージが膨らむのではないか。遺骨と植物が断絶しているのでは「自然に還る」理念につながりにくいように思う。

問題は植栽する植物である。種類は、できるかぎりその地域の在来種であるべきだ。外来種や園芸品種の樹木や花の苗を植えることは生態系を攪乱《かくらん》する意味から好ましくない。また同じ樹種でも、あまり遠い地域から運ばれたものは地域変異を持つ可能性もある。たとえば東北に九州の苗を植えても耐寒性に劣りがちだ。また葉や花などの大きさや形状に差異のある場合もある。できれば地元で育てた苗を使ってほしい。

ただ遺族からすると、故人の好きだった木や草花を植えたいという気持ちはあるだろう。それを無碍に拒否できない運営側の気持ちもわかる。園芸品種などの草木は、実際に植えてもよほど世話をしないと育たないと言われる。その意味では、埋葬後数か月、あるいは一～二年間生えているだけなら大目に見る範疇かもしれない。

ただし、日本全国どこでも根付いて大きく育ったり種子や根株などによって広く繁殖する強靱な草木は危険だ。たとえばニセアカシアやユーカリ、ギンドロなどの樹木、さらに草花もカタバミやシャガ、ミント、コスモスなど繁殖力の強い種はいろいろある。それらは慎重に除かないと、墓域の区画を超えて広がる可能性がある。

区画からはみ出て繁殖した場合、隣接した区画契約者に失礼だろうし、管理者にとっても頭の痛い問題になる。なかには生長が早く、あっと言う間に大木になる種もあるから、管理側もそうした植物の知識を持つことが大切だ。

じつはサクラもそれに近い。とくにソメイヨシノは園芸品種であり、一〇年もすれば高さ五メートル以上、枝も半径数メートルに広がる。毛虫が発生しやすく、散る花びらや落ち葉の量も多い。そして寿命は比較的短い。だから個人区画に植えるのは望ましくないだろう。桜葬が合葬になるのは、サクラが大木になるからである。

問題は、墓標の有無だ。基本的には必要ないと思うが、埋葬後に遺族が墓参りをする際、場所を特定したい気持ちが強いため、なんらかの名前プレートを備えることはあってもよいだろう。木製ならば将来的に土に還る。石のプレートの是非は難しいが、なるべく小さく、自然石を利用して周辺の景観に溶けこみやすくすることが考えられる。正確な場所は、ＧＰＳなどを駆使してコンピュータ管理しておけばよい。

墓参りの際に、埋葬地に線香など火の気を持ちこむのは細心の注意が必要だ。禁止するか、線香を立てる場合も持ち運びのできるものを使い、ちゃんと始末する規則が必要だろう。また区画内に遺品などを置いたり、遺族が勝手に〝ガーデニング〟するケースも見聞したが、好ましく思えない。

もっとも重要なのは、主宰者が墓地の将来像を示すことである。

「緑の埋葬」においても、自然の中に埋葬しました、周りは自然いっぱいです、で済ますのは時間の経過を忘れている。日本の場合は一三回忌や三三回忌、時に五〇回忌までの永代供養をうたっているが、その後どうするか明確にしておくべきだ。

期間がすぎ墓地としては終了したとして、問題はその後だろう。

なかには生えている木を撤去して、次の埋葬を行うことを考えている寺院もある。寺域が限られていて、周辺に拡張できないから、という事情もあるようだ。たしかに石墓でも期限が来たり管理費が払われなくなると石塔は撤去される。

理屈では一緒だが、埋葬によって自然を生み出す「緑の埋葬」の理念からは、そのまま森として残すのが理想である。新たな埋葬地は、また別の荒れたところに設けて次の自然再生につなげられないだろうか。

なお「緑の埋葬」を行った墓地が森となった後に、その管理は誰がするのか、という問題は残る。いつまで剪定や草刈りを続けられるのか。寺の住職も代替わりするだろうし、寺が消滅する可能性だってなくはない。樹木葬は寺の運営を支えるものではあるが、可能性としてはある。もし廃寺になって墓地の森も放棄されたら、以前の荒れた土地に戻ってしまうのではないか。

それは今後の課題だ。ただ常に人の手を加え続けることで成り立つ里山の雑木林ではなく、自然林に移行させることも可能である。徐々に植樹した木々が育ち、自然林として落ち着けば、人の手を加える必要はごくわずかになる。時間とともに自立的に植生が遷移を続ける生態系が生まれるからだ。

数十年数百年の歳月を経たら、原生林と同じ環境になり、人の手を必要としない自然へと移行するだろう。鎮守の森と同じく、樹木葬の森は聖域となる可能性を秘めている。保護区に指定されるほどの自然になることも期待したい。

木々を植えた土地を原生林へと誘導するのは、十分な知識や技術を必要とするが、手間は比較的かからない。最初の段階で将来の森の姿を打ち出す必要があるだろう。

もっとも、世界的に「緑の埋葬」が行われるようになってから、せいぜい数十年しか経っていない。遠い将来にどうするのか明確に決められているわけではない。ドイツなどでは、埋葬地の木を収穫して木材生産を行うことも考えられているそうだ。

いずれにしても、日本だけでなく世界的にも「緑の埋葬」は、まだスタートしてさほど年月が経っていないため将来像は確定していない。細かな点が定められていなかったり、想定外の事態が起きることはありえるだろう。

私が取材した中でも、規約などを途中で変更した例はあった。たとえば埋葬方法を若干変えたり、区画のサイズなどを動かすこともある。さらに価格を変えることもある。開園して以後の契約者の反応や要望、そして管理する側の事情に応じて試行錯誤しているのだ。だから契約を考える場合は、細かな点まで確認すべきだろう。

日本の樹木葬および緑の埋葬は、まだ統一的な定義や細かな規約は生まれていない。多様な埋葬方法があるのは悪いことではないが、一般の人を惑わせることになりかねない。細かな差異はともかく、「緑の埋葬」の理念を共有しつつ、広まることに期待する。

おわりに　明治神宮の森に想う

明治天皇の遺骸が葬られたのは、京都の伏見桃山陵である。下段の一辺約六〇メートル、上円の高さ六・三メートルの上円下方形のコンクリート製の墳墓が設えてある。

それとは別に東京市民が明治天皇を偲び祀る場所として造営されたのが、東京・代々木の明治神宮だ。だから祭神も明治天皇と昭憲皇太后である。ここに七二ヘクタールもの森がある。以前は大半が練兵場の跡地と畑地と草原だったが、鎮守の森にすべく人為的につくり出した森だ。

今や明治神宮は、東京都心部に貴重な緑を提供している。造営から一〇〇年が経とうとしているが、森の中には多くの貴重な動植物が生息し、原生林に近い独特の生態系を築いた。もはや東京都心になくてはならぬ存在だろう。

ふと、これも樹木葬かもしれない、と思った。少なくとも原野に「鎮魂」を目的として豊かな森をつくったのだから立派な「緑の埋葬」である。遺骨などを埋葬していなくても精神的な弔いの場から自然は醸成されたのだから。

しかも、最初から一〇〇年かけて原生状態へと移り変わるよう設計されている。当初はスギやマツなど針葉樹も混じった植生だったが、やがて落葉広葉樹が育ち、さらにその下から照葉樹が伸びて、今や全体は照葉樹林へと移り変わっている。照葉樹林は、東京の気候などに適した潜在的な自然植生とされるから長く続くだろう。人の手はほとんど加えなくても自然は維持できる状態だ。この森では、樹木だけでなく草や苔、昆虫、そして鳥獣まで非常に多様な生命が養われている。都心の一等地だが、誰もここを開発しようとは思わないだろう。

今や明治神宮の森は、誰を祀るために造営したかということを忘れても素敵な「聖なる森」になったと感じる。

私も、そろそろ「老後」を考える年齢になった。また日本社会全体の高齢化が進んでいるのだから、今後も大量の死と埋葬の時代が続くだろう。

そんなときに樹木葬、いや「緑の埋葬」に出会った。私は森と人の関わり方をテーマに執筆活動を続けているが、「緑の埋葬」こそ人が森と関わる究極の形ではないかと思うに至った。死後に自分が眠る空間。残された遺族の気持ちが癒される空間。それが森であることを望む気持ちは私には非常に理解しやすい。しかも知れば知るほど一部の珍奇な埋葬法ではなく、世界中で真剣に死と向き合う中で生まれた弔い方だとわかってきた。

本書の取材のため、全国の樹木葬、なかでも「緑の埋葬」に該当する寺院や墓地を回った。そしてその墓地を手がける寺院の住職や担当者の話を聞いた。さらに研究者たちにもお世話になった。図らずも彼らの人生をかいま見ることになったところもあるが、それは私自身にとっても人生を考えるヒントになった気がする。

「緑の埋葬」の生前契約をした本人の声も幾人か聞くことができたが、感じたのは死に対して主体的に向き合っている姿だ。望む形の埋葬を自ら選ぶこと、それが自然の保全につながることに、満足感というか自信というか、前向きなのである。妙な言い方だが、生き生きと死を語っている。

そして、もう一つ感じたのは、地球規模の潮流だ。

日本の樹木葬、そして海外の「緑の埋葬」を追ううちに、これは世界同時発生的な動きになっていると感じた。いずれも二〇世紀末から二一世紀初頭に世界各地で始まっているからである。なかには他国の情報が伝わることで樹木葬のアイデアが広がった面もあるが、それも潜在的に同じ課題を抱えていたからマッチしたのだろう。

たとえば形骸化した葬儀や埋葬の儀式が、愛する人を失った遺族の気持ちにそぐわなくなってきていること。墓地の開設のために行われる自然破壊に心を痛める人。現在の石墓の形態や遺骨の処理方法、不透明な金額に疑問を抱く人。さらに墓を継承する人の負担、継承者がいなくなる心配。そして宗教宗派、檀家制度や家族制度などに縛られることへの嫌悪感。加えて地方の経済的疲弊と過疎高齢化などの事情……。それらがない交ぜになって、新たな埋葬法を選択し始めたように思う。

そして、たどりついた方法が「緑の埋葬」ではないか。方法はさまざまでも、自然環境を保ちつつ、自然に包まれた埋葬地にしたいという思いは全世界で共通だ。だからこそ「緑の埋葬」は、人と自然が交わる一つの形として根付くだろう。根付いてほしい、と思うのである。

もし自分の墓が明治神宮のような森になったら。さらに世界中に明治神宮の森のような「聖なる森」が広がったら。そんな夢想を抱いてみたくなる。

最後に、樹木葬はやはり心の世界に広がっている。自然科学や地域社会論だけでは論じられない面が少なくないと思う。取材を通して、そのことを感じながら、どんな形式が遺族の心に響くのか私も考えさせられた。

最後に、取材に応じていただき、プライベートな部分まで聞かせていただいたすべての人々に感謝したい。

本書で取り上げた寺院一覧

●臨済宗長倉山知勝院
〒021-0102 岩手県一関市萩荘字栃倉73-193
☎0191-29-3066 FAX 0191-29-3067
http://www.jumokuso.or.jp/index.html

●曹洞宗天徳寺
〒298-0025 千葉県いすみ市山田1886
☎0470-66-1258（受付時間10時～15時）
http://tentokuji.jimdo.com/

●曹洞宗瓦谷山真光寺（縁の会事務局）
〒299-0201　千葉県袖ヶ浦市川原井634
☎0438-75-7365（受付時間9時〜17時）
http://shinko-ji.jp/jumokuso/

●東京里山墓苑（日蓮宗延寿院）
〒193-0801　東京都八王子市川口町1325-1
☎0120-352-594（受付時間9時〜18時）
http://tokyo-satoyamaboen.com/satoyama/index.html

●天台宗慶徳山醫王寺
〒679-2217　兵庫県神崎郡福崎町高岡1937
☎・FAX 0790-22-4215
http://www.iouji.jp/index.html

●曹洞宗金華山正福寺

〒689-3223　鳥取県西伯郡大山町茶畑238

☎0859-54-3860　FAX 0859-54-5102

http://osamu3860.ec-net.jp/index.html

●曹洞宗宝宗寺

〒758-0211　山口県萩市福井上1927

☎・FAX 0838-52-0521

http://www.geocities.jp/jumokuso_hagi/index.html

●眞宗正信教会

〒869-2703　熊本県阿蘇郡産山村山鹿378-2

☎0967-25-2527

http://www.ubuyama-jyumokusou.com/index.html

●千年樹木葬（曹洞宗清水山西来院）
ＮＰＯ法人 遠野山・里・暮らしネットワーク
〒０２８-０５１５　岩手県遠野市東舘町６-16
☎０１２０-９４５-１７５（受付時間９時～17時）
http://tono-jumokuso.com/index.html

●自然宗佛國寺
〒５１９-２６３２　三重県多気郡大台町桧原１７５
☎０５９８-７８-８６５５
http://zinenshuu.net/page9

参考文献

『新しい葬儀の本　葬儀の意味と費用と方法を考え直す』別冊宝島二二八四　宝島社　二〇一五
『イギリス自然葬地とランドスケープ　場所性の創出とデザイン』武田史朗著　昭和堂　二〇〇八
『江戸の町は骨だらけ』鈴木理生著　筑摩書房　二〇〇四
『お骨のゆくえ　火葬大国ニッポンの技術』横田睦著　平凡社　二〇〇〇
『お葬式　死と慰霊の日本史』新谷尚紀著　吉川弘文館　二〇〇九
『お墓なんていらない!?　自分で決める！葬送ガイド』島田裕巳監修　Group21編　日東書院本社　二〇一一
『「お墓」の誕生　死者祭祀の民俗誌』岩田重則著　岩波書店　二〇〇六
『自然葬と世界の宗教』中村生雄・安田睦彦編　凱風社　二〇〇八
『死と骨の習俗』藤井正雄著　双葉社　二〇〇〇

『社会事業による寺院の再生　MBA僧侶の挑戦』秋田光哉著　中外日報社　二〇〇九
『宗教年鑑　平成25年版』文化庁編　ぎょうせい　二〇一四
『樹木葬和尚の自然再生　久保川イーハトーブ世界への誘い』千坂嵃峰著　地人書館　二〇一〇
『樹木葬の世界　花に生まれ変わる仏たち』千坂げんぽう編著　本の森　二〇〇七
『世界の葬送　125の国に見る死者のおくり方』松濤弘道監修「世界の葬送」研究会編　イカロス出版　二〇〇九
『0葬《ゼロ》　あっさり死ぬ』島田裕巳著　集英社　二〇一四
『葬式は、要らない』島田裕巳著　幻冬舎　二〇一〇
『墓と葬式の見積りをとってみた』神舘和典著　新潮社　二〇一五
『墓と葬送の社会史』森謙二著　吉川弘文館　二〇一四
『墓は心の中に　日本初の「自然葬」と市民運動』安田睦彦著　凱風社　二〇一〇
『墓は、造らない　新しい「臨終の作法」』島田裕巳著　大和書房　二〇一一
『衛生行政報告例　平成22年度』厚生労働省大臣官房統計情報部編　厚生労働統計協会　二〇一二

ほか、多くの雑誌、冊子、論文、インターネットのサイトなどを参考にしました。

【著者紹介】

田中淳夫（たなか・あつお）

一九五九年生まれ。静岡大学農学部林学科卒業後、出版社、新聞社等に勤務の後、現在はフリーランスの森林ジャーナリスト。森林、林業、山村問題などのほか、歴史や民俗をテーマに執筆活動を行う。おもな著作に『森林異変——日本の林業に未来はあるか』『森と日本人の1500年』（以上、平凡社新書）、『森を歩く——森林セラピーへのいざない』（角川ＳＳＣ新書）、『日本人が知っておきたい森林の新常識』『森と近代日本を動かした男——山林王・土倉庄三郎の生涯』（以上、洋泉社）、『ゴルフ場に自然はあるか——つくられた「里山」の真実』（電子書籍、ごきげんビジネス出版）など多数。

樹木葬という選択
緑の埋葬で森になる

二〇一六年二月一五日　初版発行

著者――――――田中淳夫
発行者―――――土井二郎
発行所―――――築地書館株式会社
東京都中央区築地七-四-四-二〇一　〒一〇四-〇〇四五
TEL 〇三-三五四二-三七三一　FAX 〇三-三五四一-五七九九
ホームページ =http://www.tsukiji-shokan.co.jp/
振替 〇〇一一〇-五-一九〇五七
印刷・製本――シナノ出版印刷株式会社
装丁―――――吉野 愛

ISBN 978-4-8067-1506-1 C0077